小学语文学习任务群
课例设计丛书

思辨性阅读与表达

总主编

吴忠豪 薛法根

主编

薛法根 沈玉芬

上海教育出版社
SHANGHAI EDUCATIONAL
PUBLISHING HOUSE

编 委 名 单

总 主 编：吴忠豪　薛法根

主　　编：薛法根　沈玉芬

编写人员（按姓氏笔画排序）

马　莹　王　雨　王洁婧　朱　祺　仲婧莲

李一苗　李俞娟　杨书怡　沈玉芬　张　贤

陈晓兰　范建健　金洁萍　周　丽　周智超

赵桂芝　顾丹凤　钱卫华　徐晓芳　黄嘉雯

潘思怡

前　言

　　这套读物是依据现行统编小学语文教材,按照《义务教育语文课程标准(2022年版)》(以下简称"新课标")提出的六种学习任务群设计的教学课例,旨在帮助教师在与"新课标"配套的语文教材没有出台的背景下,利用现行语文教材先行一步实施语文学习任务群。由于统编教材采用"双线组元"的方式编写,编选的课文及辅助习题聚焦单元"人文主题"和"语文要素",与"新课标"提出的以"学习任务群"呈现语文课程内容,是两种不同的课程理念,有着很大的差异。因此,要将两种不同的课程理念统一到学习任务群的设计上,并且要尽可能使设计的学习情境任务与统编教材提供的教学资源结合得自然、有机,实在是一件要求极高、难度极大的事。对中小学语文教师而言,学习任务群是一个全新的课程与教学理念,当下又缺乏成功的实践案例支持,因此要编好这套学习任务群课例设计丛书,其难度是可想而知的。

　　为方便一线教师使用,整套丛书按照"新课标"提出的六种学习任务群编写,每个任务群对应一本书,每本包括小学任务群课例15～23篇。最多的《跨学科学习》有23篇设计课例,《整本书阅读》有19篇设计课例,《语言文字积累与梳理》《文学阅读与创意表达》《实用性阅读与交流》均有16篇设计课例,最少的《思辨性阅读与表达》有15篇设计课例。这些课例覆盖低、中、高三个年段,"语言文字积累与梳理"学习任务群从低年段到高年段逐步减少,"文学阅读与创意表达"从低年段到高年段逐渐增加,课例分布比较合理,符合各年段学生的语文学习规律和心理特点。

　　"新课标"指出:"设计语文学习任务,要围绕特定学习主题,确定具有内在逻辑关联的语文实践活动。语文学习任务群由相互关联的系列学习任务组成,共同指向学生的核心素养发展,具有情境性、实践性、综合性。""以生活为基础,以语文实践活动为主线,以学习主题为引领,以学习任务为载体,整合学习内容、情境、方法和资源等要素,设计语文学习任务群。"这两段话简要阐述了学习任务群设计的依据、条件和主要特点。参与高中语文课程标准制定的王宁教授认为"学习任务群不是单篇文章的简单相加",她强调"真实学习情境"和"融合阅读、表达、探究的学生实践活动"是评价学习任务群设计是否成功的两个主要标志。"新课标"修订组编写的《义务教育语文课程标准(2022年版)解读》中列举的六种学习任务群20多个课例,基本是按大单元教学资源进行整体设计的,比较充分地诠释了学习任务群"情境性、实践性、综合性"的特点。这些课例是学习任务群设计的范例,有一定的权威性。

六本书中提供的课例大多依托统编教材中的单元进行整体设计。然而要将统编教材中各单元提供的教学资源转换成与"新课标"相匹配的学习任务群,并且设计出以学生学习为主线展开的语文实践活动,着实不容易。特别是"语言文字积累与梳理""整本书阅读""跨学科学习"等学习任务群的设计,很难从现行教材中寻找到合适的单元资源。为此,丛书中的课例很难做到全部依据现行教材中的单元进行设计,有些课例采用的是灵活变通的设计思路,主要有以下几种:

1. 依据单篇课文设计学习任务群。比如,《跨学科学习》六年级上册第七单元"京剧专题分享会",是依据《京剧趣谈》这篇课文设计的。核心任务是举行班级"京剧专题分享会",设计了三个子任务:一是入戏,学习《京剧趣谈》,观看京剧演出,了解京剧剧种;二是知戏,查阅资料,探究与京剧有关的一个(或几个)方面的知识,用小报、研究报告、记录等多种方式梳理自己的研究成果;三是开展"京剧大讲堂"。依据单篇课文设计学习任务群,其实是当下语文教师实施学习任务群最为流行的做法。

2. 选择单元部分课文设计学习任务群。一年级上册"我是小小采购员",选择该单元《大小多少》《小书包》两篇课文设计学习任务群。这个识字单元还有《画》《日月明》《升国旗》三篇课文。因为识字教材编写考虑的是学生识字的规律,基本不按内容主题编写课文,因此很难整合出涵盖全部课文的学习主题及情境任务。因此编者选择其中两篇课文,设计出"当小小采购员"这样一个贴近学生生活的学习任务。经过这样的变通处理,学习任务群的设计就变得相对容易。

3. 整合不同单元相同类型的课文设计学习任务群。《文学阅读与创意表达》针对五年级下册编排了一个特殊的文言文学习任务群。这个课例将统编教材三至六年级的 14 篇文言课文进行梳理分类，统整成不同主题设计学习任务群。该学习任务群围绕"洞察古代儿童的智慧"这个主题，将三年级上册《司马光》、四年级上册《王戎不取道旁李》、五年级下册《杨氏之子》和六年级下册《两小儿辩日》四篇文言文，以及四年级上册第八单元《口语交际：讲历史人物故事》等内容，统整为一个文言文学习任务群，编排在五年级第二学期。这样设计学习任务群，拓展了文言文学习资源，提高了文言文学习的有效性。其实这种学习任务群设计思路还可以运用到古诗、寓言、童话、小说等按文章体裁分类的学习任务群设计之中，可以有效提高学生的学习效率。

4. 精选教材部分习题设计学习任务群。《整本书阅读》大多结合教材中的"快乐读书吧"栏目设计学习任务群，与单元教材资源若即若离。《跨学科学习》二年级的"建立班级迷你图书馆"也是借用二年级下册第五单元《口语交际：图书借阅公约》，将其放大设计成一个跨学科学习任务群。围绕建立班级图书馆这个任务，引导学生实地参观图书馆，了解书籍摆放的秘密；给班级图书馆中的图书分类、编号；再制订班级图书借阅公约，让学生享受班级阅读时光。学习任务群紧密结合儿童生活创设情境，能有效激发学生的学习兴趣。

5. 结合生活情景设计学习任务群。依据课程标准提出的课程内容另行设计学习任务群，其实是学习任务群设计的最佳做法。比如，《跨学科学习》中的六年级学习活动：大地在心　　我是低碳环保行动者。教师依据"新课标"中"跨学科学习"学习任务群建议的内容，自行寻找学习资源，组织学生综合运用语文、道德与法治、科学、数学、劳动、美术等多学科的知识和技能，开展跨学科学习活动。当然，撇开教材，教师另行设计学习任务群，意味着教师要自己选择组合学习资源，对教师的要求更高，难度更大。

以上列举的几种不完全拘泥于单元教材资源设计学习任务群的思路，或许不是"新课标"提倡的学习任务群设计的最佳方法，但却是当下语文教师实施"新课标"教学理念的新尝试。仔细分析这些课例，每个学习任务群都有具体的学习情境和学习任务，并且都是以学生实践活动为主线展开教学，体现出语文学习任务群的基本特点。特别是突破了单元教材资源的束缚，可以极大拓展教师设计学习任务群的思路，降低设计的难度。可以这样认为，在与"新课标"配套的教材正式出版之前,这样变通设计学习任务群,不失为一种简便可行的方式。

统编教材确定的人文主题和语文要素,为学习任务群设计提供了丰富的学习资源,但是依托单元学习资源设计的学习任务群,具体可以归属于六种学习任务群的哪一种,还须根据创设的情境任务和学习目标确定。由于课例设计者对每个单元的人文主题以及学习资源理解和设计的角度不同,同一单元有时可以设计出两种甚至两种以上的学习任务群,而且基本符合各种不同学习任务群的价值目标。

比如,统编教材五年级上册第三单元"民间故事"选编了《猎人海力布》《牛郎织女》两篇中国民间故事,"快乐读书吧"中还选入了《田螺姑娘》的片段,推荐了《梁山伯与祝英台》《八仙过海》及国外的民间故事。将这个单元设计成"文学阅读与创意表达"学习任务群毫无疑义,然而依据民间故事设计的学习任务群同时还出现在《思辨性阅读与表达》和《跨学科学习》两本书中。当然所设计的学习情境任务、学习目标和具体学习活动,在三个学习任务群中各不相同。

在《文学阅读与创意表达》一书中,设计的核心任务是"举行一次民间故事展演",具体的学习活动是"民间故事我来读""民间故事我来讲""民间故事我来写""民间故事我来演"。在《思辨性阅读与表达》一书中,侧重于阅读民间故事,感受其中的智慧,设计的学习任务是"探索故事里的善恶因果,再结合时代背景,借助民间故事结构创编民间故事"。在《跨学科学习》一书中,设计的核心任务是"学生自主选择自己喜欢的民间故事,采用团队合作形式,自主选择表达方式,例如皮影戏、戏剧、电影等多种形式,为周边社区幼儿进行展演,传播优秀传统文化"。

依托同一个单元的教材资源设计的三种学习任务群,其学习活动不可避免会产生交叉重合。比如,都有阅读教材中的民间故事,配合学习任务开展整本书阅读等。但三者学习目标和开展学习活动的侧重点有明显的区别。《文学阅读与创意表达》侧重于民间故事的阅读和展演;《思辨性阅读与表达》侧重于学习思维方法,提高逻辑思维能力;《跨学科学习》则以民间故事为载体,通过社区讲演传播中华优秀传统文化,侧重于不同学科的技能的综合运用。

依托同一个单元教材资源同时设计出两种学习任务群的至少还有以下这些单元——

二年级下册第五单元,借助《口语交际:图书借阅公约》这一内容设计学习任务,《思辨性阅读与表达》中的主题是"遇到问题怎么办",《跨学科学习》中的主题是"建立班级迷你图书馆"。

三年级下册第二单元(寓言单元),《文学阅读与创意表达》中的主题是"掀起'寓言'的盖头来",通过阅读和讲述寓言,重在把握寓言的文体知识,分享阅读与讲述寓言故事的快乐;《思辨性阅读与表达》中的主题是"小故事大道理",侧重从故事中读出道理,并编写、讲述寓言故事。

五年级下册第七单元,《实用性阅读与交流》中的主题是"感受异域风情,爱我大美中华",搜集整理中国的世界文化遗产资料,编写世界风光手册并举办主题展览;《跨学科学习》中的主题是"我为中国的世界文化遗产"代言,要求学生自主选择自己喜欢的世界文化遗产,采用团队合作形式,自主选择表达方式,通过书面、口头等多种形式为世界文化遗产代言。

六年级上册第八单元,《思辨性阅读与表达》中的主题是"遇见鲁迅",全方位介绍我们眼中的鲁迅先生;《跨学科学习》中的主题是举办"鲁迅印象展",并用演讲、戏剧等多种表达方式,向同学介绍自己的展品;等等。

如果教师能一组一组认真阅读并深入比较这些案例设计的异同,那么对不同种类学习任务群的学习目标、情境任务以及学习活动的设计,一定会获得诸多启示。

这套丛书由全国知名的名师领衔担任各分册主编。他们发动工作室骨干成员,经过近半年的不懈努力,克服种种困难,终于按时完成了这项艰巨的编写工作。其实丛书作者对学习任务群的学习研究与广大一线语文教师基本处于同一起跑线,只不过这些作者对"新课标"精神的学习研究更加深入,对学习任务群的探索投入的精力更多。当下语文学界对学习任务群的研究探索尚处于初级阶段,在理论与实践方面有诸多问题亟须研究,有些甚至还存在不少争议。在大部分教师的语文课堂教学实践中,学习任务群其实尚未真正实施。因此这几位名师和工作室团队成员能够按照六种学习任务群的不同特点和内容编写出这么多的课例,真是了不起。

参与这套丛书编写的大多是享誉全国的名师以及工作室骨干教师,丛书中的每个案例都经过名师团队集体打磨、反复修改,有些甚至改了五六稿,然而学习任务群毕竟是语文课程改革中的全新事物,我们走的是一条前人没有走过的路,因此需要有一段相当长的时间去探索研究,最好还能有一个教学实践验证的过程。因此丛书中设计的案例不可避免地存在这样那样的问题,无论是学习情境创设、学习任务设计,还是阶段目标、活动内容、学习方法以及评价工具的设计与制作等,都需要在教学实践中检验。广大教师在阅读或使用这些案例时须根据班级学生的实际情况进行必要的修改调整,不能照抄照搬,更不能照本宣科。

最后我想说明的是,学习任务群是体现语文课程实践性特点的有效教学样态,但可能不是唯一。我很赞同温儒敏教授的观点,语文课"并不意味着全部教学一刀切,都要采取任务驱动方法"。学生语文核心素养的培养应该是一个系统工程,应该有多元的教学样态。语文教师在贯彻"新课标"精神时,一方面要以积极的态度尝试进行学习任务群教学,另一方面需要总结过往语文课程改革的成功经验,包括传统语文教学和国外中小学母语教学的成功经验,尝试探索更多更加有效的体现语文课程实践性特点的教学样态。

对语文学习任务群的探索才刚刚开始,实施的路程很长很艰难。语文课程改革不可能毕其功于一役,还有很长的路要走。

吴忠豪

2023 年 11 月

目 录

第一讲　快乐在哪里

——统编教材一年级下册第三单元"思辨性阅读与表达"
学习任务群设计

一、主题与内容

(一) 主题的确立

统编教材一年级下册第三单元围绕"快乐"这一主题,以生动有趣的童话和通俗易懂的童诗,从不同的角度描写了快乐的事。我们根据这一特点,设计了"快乐在哪里"这一学习主题。

一是从生活角度来看,寻找快乐是儿童成长的需要。快乐是什么? 如何从生活中发现快乐,体验快乐,创造快乐? 寻找答案的过程,就是孩子学习如何面对生活的成长过程。快乐就在我们每个人的心里。学会和自己相处、和别人相处,就找到了快乐的秘诀。由此,一个人就拥有了快乐的能力,从而能获得幸福的人生。

二是从学科角度来看,学生要真正理解快乐,需要从思辨性角度出发。快乐是什么? 在听故事、读故事、讲故事中能够有快乐的体验,而发现快乐就需要思辨性阅读,故事中的快乐并不是简单的笑一笑、乐一乐,而是需要用心感受、反复体会,通过对比、推测等多种方法去发现的。这样学生才能读懂故事,明白快乐的真正内涵。

三是从学习角度来看,建立故事与自我的联系是一种联结思维。儿童喜爱以说演故事的方式认识自我,这样能促进儿童阅读与表达,还能促进儿童思考,引导和陪伴他们去体验、探究,建立个体经验与故事的联系,从抽象到具象,从静态化的思考到动态化的问题解决,这是儿童自我意义的再构建过程,也是思维的再创造过程。

（二）内容的归属

《义务教育语文课程标准(2022年版)》中,第一学段的"思辨性阅读与表达"学习任务群包括两项内容,其中一项内容为"大胆提出生活和学习中遇到的问题,通过阅读、观察、请教、讨论等方式,积极思考、探究,乐于分享自己解决问题的办法,说出一两个理由"。这一学习内容旨在让学生通过阅读,借助故事情节图,把握故事结构;让学生表演故事,寻找快乐的秘密;让学生用好故事,拓宽其内在的世界,提出解决问题的新方法,从而提升思辨性表达能力。

一年级下册第三单元选编了《小公鸡和小鸭子》《树和喜鹊》《怎么都快乐》这三篇作品,为建构"思辨性阅读与表达"学习任务群提供了丰富的学习资源。因此,本单元以"思辨性阅读与表达"学习任务群组织教学。

（三）内容的组织

本单元的学习内容以童话和童诗为主,以童真童趣的口吻,讲述与伙伴之间发生的故事,让学生感受相处的快乐。《小公鸡和小鸭子》让学生明白有朋友的关心帮助,我们就快乐;《树和喜鹊》让学生明白有很多朋友的陪伴,我们就快乐;《怎么都快乐》一文让学生明白一人独处是一种快乐,与他人相处也是一种快乐。这些文本都为"思辨性阅读与表达"学习任务群的设计提供了丰富的学习资源。

二、目标与评价

教学目标	评价要求
根据情节图,有条理地讲述故事,把握故事基本结构。	1. 能根据故事,梳理情节及人物心情变化,完成情节图。 2. 能根据情节图有条理地简单讲述故事。
借助表演及情境对话,发现故事中藏着的快乐秘诀。	1. 在表演故事时,能通过语言、动作、神态等表现角色的心情。 2. 在情境对话中,能创造性丰富故事,发现快乐的秘密。

教学目标	评价要求
结合故事情境与生活情境,学做快乐的传播者。	1. 编讲童话故事,感受获得朋友帮助时的快乐。 2. 编演生活故事,感受一人独处的快乐和与他人相处的快乐。

三、情境与任务

"快乐在哪里"学习主题的关键词是"快乐",应让学生在阅读故事中感受互相帮助、快乐合作、友好共处的快乐。我们根据学习主题从不同的角度创设了不同的学习情境。一是讲好快乐故事。让学生根据故事结构,完成情节图,并且在读故事、讲故事中,感受有伙伴就快乐。二是发现快乐秘密。让学生能通过阅读故事,借助想一想、说一说、议一议等方式,推测快乐的秘密,形成对快乐内涵的理解。三是做快乐传播者。让学生结合生活情境,在故事中、生活中提出问题,积极思考、探究,表达自己的想法,在交流中深化自己的认知,提升思辨性表达能力。由此,我们围绕"快乐在哪里"这一学习主题,设计了三个前后勾连、具有一定逻辑的情境任务,建构了学习主题统领下的任务单元(见下图)。

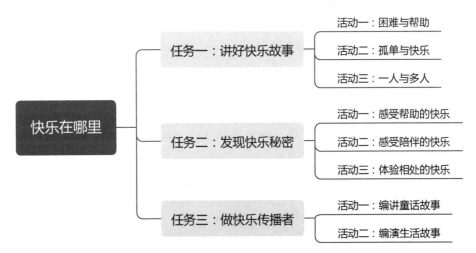

为了更好地完成三个学习任务,我们将情境任务作了活动分解,设计了学习活动链:

任务一:讲好快乐故事。读课题,认识故事主人公;把单元中的课文读正确,读流利,完成情节图。在读故事、讲故事的过程中,感受有伙伴就快乐。

任务二:发现快乐秘密。学生通过阅读故事,在演一演、想一想、说一说、议一议中,感悟快乐的秘密。

任务三:做快乐传播者。学生结合生活情境,在编讲故事的过程中,进一步感受快乐的意义;结合生活情境,提出问题,积极思考、探究,表达自己的想法,在交流中深化自己的认知,提升思辨性表达能力。

三个学习任务围绕"快乐在哪里"这个学习主题,用"读、讲、议、用"的方式进行探究与实践,带领学生在学习中提升思辨性阅读与表达的能力。

四、活动与建议

(一) 活动设计

任务一　讲好快乐故事

学习情境:童话中的人物都有人的思想与性格,故事情节引人入胜,总能给小朋友们带来快乐。这一次,我们要走近童话、童诗,讲好关于快乐的故事,争当"快乐小使者"。

学习活动一:困难与帮助

1. **读课题:**这篇课文讲了谁和谁之间的故事?你了解它们吗?

预设:

(1) 这篇童话故事讲了小公鸡和小鸭子这两个小伙伴之间的故事。

(2) 小公鸡会捉虫子;小鸭子会游泳。

2. **读课文:**借助拼音,把课文读正确、读流利。

提示：读准生字字音，读准前鼻音的字"信、跟、身"，后鼻音的字"行、听"。

要点：

(1) 注意"吃得很欢""急得直哭"等短语的重音。

(2) 注意长句"小公鸡偷偷地跟在小鸭子后面，也下了水"的句内停顿。

3．读对话：朗读对话，与同桌练习分角色朗读。

提示：把自己想象成小公鸡或小鸭子。

要点："不行，不行，你不会游泳，会淹死的！"读出着急的语气，短句与短句之间停顿要短一些，"会淹死的"要读出重音。

4．议一议：小鸭子遇到了什么困难？谁帮助了它？小公鸡遇到了什么困难？谁帮助了它？

预设：

(1) 小鸭子捉不到虫子，小公鸡看见了，捉到虫子给小鸭子吃。

(2) 小公鸡在水里喊救命，小鸭子听见了，把小公鸡背上了岸。

5．讲一讲：我们可以根据这个故事画一幅鱼骨图，请根据鱼骨图，和老师一起讲一讲故事。

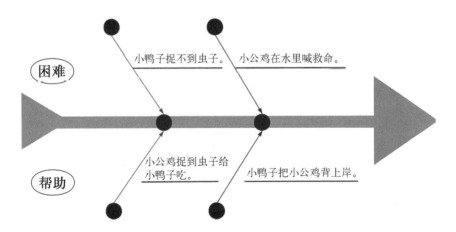

提示：

(1) 小公鸡和小鸭子一块儿出去玩，走进了草地里。它们之间发生了什么事呢？

(2) 小公鸡和小鸭子走到小河边，想下河捉鱼吃。它们之间发生了什么事呢?

学习活动二:孤单与快乐

1. 读课题:这篇课文讲了谁和谁之间的故事?你认识它们吗?

要点:

(1)这篇童话故事讲了树和喜鹊这两个小伙伴之间的故事。

(2)出示图片,认识喜鹊。观察其外形特点,知道其头、颈、背至尾均为黑色。

2. 读课文:借助拼音,把课文读正确、读流利。

提示:注意"一"的变调,读准"单、居、呼"等生字和多音字"只、觉、种、乐"。联系上下文,理解"孤单"的意思。积累"AABB"的词语,如叽叽喳喳、安安静静。

要点:

(1)注意第一自然段中,连续三个"只有"的重音。

(2)注意"树很孤单,喜鹊也很孤单""树有了邻居,喜鹊也有了邻居""树很快乐,喜鹊也很快乐"这三句相同句式的话的停顿。

(3)注意读出从不快乐到快乐的语气变化。

3. 议一议:一棵树和一只喜鹊从前是怎样的心情?后来心情怎么样?为什么会有这样的变化呢?

预设:从前,一棵树很孤单,一只喜鹊也很孤单;后来,因为种了很多树,树上鸟窝里有了很多喜鹊,树和喜鹊都有了邻居,所以树很快乐,喜鹊也很快乐。

4. 讲一讲:根据这幅情节图,抓住人物前后的心情变化,和老师一起讲一讲故事。

提示:

(1)从前,当这里只有一棵树时,树心情如何?当树上的鸟窝里只有一只喜鹊时,喜鹊心情如何?

(2)后来,因为有了邻居,树和喜鹊的心情有了怎么样的变化呢?

学习活动三:一人与多人

1. 读课题:读一读,联系生活实际,说一说课题是什么意思。说一说怎么读出快乐的感觉。

　　提示：不管做什么，怎么都觉得快乐。"怎么都"语速快一点，重读"快乐"。

　　2. 读课文：借助拼音，把课文读正确、读流利。

　　提示：读准生字字音。例如前鼻音的字"怎、蓝、玩、音"；后鼻音的字"绳、讲、行"；读准多音字"得"。

　　要点：观察每个小节，发现相同之处。"一个人玩，很好！""两个人玩，很好！""三个人玩，很好！""很多人玩，更好！"读这些句子时，应抓住"很好！"，读出独处的快乐和与他人相处的快乐。

　　关注逗号、省略号，注意活动与活动之间的停顿，读出节奏感。

　　3. 议一议：每个小节分别讲的是几个人在玩？可以玩什么？圈一圈。这给你一种怎样的感受呢？

　　预设：

　　(1) 独自一人，折船、折马、踢毽子、跳绳、搭积木、看书、画画、听音乐……

　　(2) 两个人玩，讲故事、下象棋、打羽毛球、坐跷跷板……

　　(3) 三个人玩，讲故事多个人听更有劲，甩绳子……

　　(4) 许多人玩，什么游戏都能玩，拔河、老鹰捉小鸡、打排球、打篮球、踢足球……

　　4. 讲一讲：结合树形结构图，说一说《怎么都快乐》的故事。

树形结构图

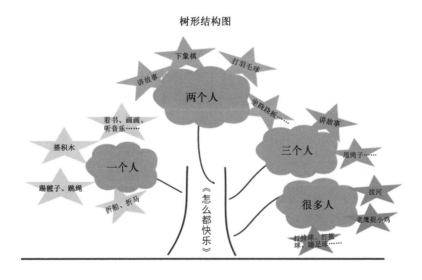

提示：

几个人玩？玩了什么？给你一种怎样的感觉？

任务二 发现快乐秘密

学习情境：有的人天生就有一种魔力，能为他人带来快乐，那他快乐的秘密究竟是什么？阅读儿童文学作品，就能找到快乐的秘密，请你作为一名"快乐搜索员"，演一演，发现故事中的快乐。

学习活动一：感受帮助的快乐

1. 练演故事：《小公鸡和小鸭子》中，每一次当伙伴遇到困难的时候，另一方总会给予帮助。我们要来演一演这个故事，发现故事中藏着的快乐。

提示：三人一小组练习，一位同学读旁白，一位同学演小公鸡，一位同学演小鸭子。

2. 小组表演：请一组同学上台演一演这则故事，再请全班同学做导演，演完后，点评小演员的演技，说一说还有什么建议。

提示：请全班同学做导演，指导两个小演员。

要点：要通过动作、神态、语言表现小公鸡和小鸭子的心情。

3. 师生表演：老师做小公鸡妈妈，在故事表演过程中插问。

预设：

插问1：小公鸡，你在做什么呀？为什么要捉虫子给小鸭子吃呢？（小鸭子捉不到虫子，急得直哭，我来帮助它。）

插问2：小公鸡，你怎么浑身湿透了？（我跟着小鸭子去捉鱼，可是不会游泳，幸好小鸭子救了我。）

插问3：小鸭子，你为什么要帮助小公鸡呢？（之前它捉虫子给我吃，它遇到了困难，我肯定会第一时间帮助它。）

插问4：你们真是一对好朋友，你们想对彼此说些什么呢？（鸭子哥哥，谢谢你救了我，有你这个朋友，我很快乐；公鸡弟弟，谢谢你捉虫子给我吃，有你这个朋友，我很快乐。）

4. 这一天，小公鸡和小鸭子玩得开心吗？

预设：小公鸡和小鸭子都玩得很开心，因为有朋友的关心帮助就很快乐。

5. "快乐搜索员"们，你发现了吗？小公鸡和小鸭子快乐的秘密是什么？

预设：和别人快乐地相处，就能快乐。

学习活动二：感受陪伴的快乐

1. 练演故事：《树和喜鹊》的故事中，因为有了邻居的陪伴，树和喜鹊都很快乐。我们来演一演这个故事，感受这种快乐吧！

提示：小组练习，一位同学读课文，一位同学演树，一位同学演喜鹊，2～4位同学演邻居。

2. 小组表演：哪一组同学愿意上台演一演这则故事？导演们，谁能指导演员们怎么演好这则故事？

提示：请全班同学做导演，指导两个小演员。

要点：要通过动作、神态、叫声表现出树和喜鹊由"孤单"到"快乐"的心情变化。

3. 师生表演：老师做月亮姐姐，在故事中插问。

预设：

插问1：大树，大树，你怎么垂头丧气的？（这里只有我一棵树，也太无聊了！）

插问2：喜鹊，喜鹊，你怎么没精打采的？（唉！树上只有一个鸟窝，鸟窝里只有我一只喜鹊，也太孤单了！）

插问3：大树后来为什么那么快乐呀？（一起听喜鹊叽叽喳喳的叫声；一起看喜鹊飞出去又飞回来；一起看喜鹊安安静静睡觉。好不快乐哦！）

插问4：喜鹊后来为什么那么快乐呀？（大家一起飞出去，一起飞回窝里，一起安安静静睡觉；做事情有小伙伴陪伴，不孤单了，感觉到快乐。）

4. 后来，树和喜鹊为什么那么快乐呢？它们快乐的秘密是什么？

预设：因为有朋友的陪伴就很快乐，与他人相处，就能快乐。

学习活动三：体验相处的快乐

1. 合作分小节读诗：一个人读、两个人读、三个人读、全班一起读。

2. 教师插问：

插问1：一人玩，会感到孤单吗？（不会，一个人可以很安静，干很多事情。）

插问2：两个人，感觉如何？（有人陪伴，不寂寞。）

插问3：三个人，感觉怎样？（三个人玩更有劲，很热闹。）

插问4：许多人玩呢？（可以做更多快乐的事情。）

3. 议一议：快乐的秘密是什么呢？

预设：一人独处是一种快乐，与他人相处也是一种快乐。每个人学会和自己相处，和别人相处，就能找到快乐的秘诀。

梳理快乐的秘诀，说一说：

课文	快乐的秘诀
《小公鸡和小鸭子》	朋友的帮助
《树和喜鹊》	朋友的陪伴
《怎么都快乐》	一人独处是一种快乐，与他人相处也是一种快乐。

提示：快乐就在每个人的心里，因为＿＿＿＿＿＿＿＿＿＿，所以＿＿＿＿＿＿＿＿
＿＿＿是一种快乐。

预设：

（1）快乐就在每个人的心里，因为小公鸡捉虫子给小鸭子吃，小鸭子把小公鸡救上了岸，所以朋友之间相互帮助是一种快乐。

（2）快乐就在每个人的心里，因为种了很多树，树上的鸟窝里有了很多喜鹊，大家都有了邻居，所以有了朋友的陪伴是一种快乐。

（3）快乐就在每个人的心里，因为不管做什么事情都能快乐，所以一人相处或与他人相处都是一种快乐。

任务三　做快乐传播者

学习情境：作为一名快乐的小学生，你肯定有许多快乐的经历与寻找快乐的办法，请你作为一名"快乐传播者"，解决问题，让大家变得更快乐。

学习活动一：编讲童话故事

1. 认一认：老师请来了两只动物，看看图片，和它们打个招呼。（教师出示大象、猴子的图片）

2. 说一说：大象和猴子给你们一种怎样的感觉？它们有怎样的特点呢？

预设：大象体形庞大，能蹚水；猴子灵活，能爬树。

3. 讲一讲：结合鱼骨图，讲一讲这个《大象和猴子》的故事。

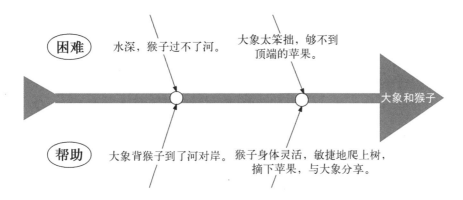

提示：大象和猴子是一对好朋友，它们都有自己的本领。有一天，它们想要摘河对岸的那棵树上的苹果。可是河水太深，猴子过不去，大象会怎么帮助它呢？大象太笨拙，够不到顶端的苹果，猴子会怎么做呢？当它们成功获得苹果时，会对彼此说些什么呢？

4. 演一演：老师当旁白，一位同学当猴子，一位同学当大象。

预设：抓住动作、神态、语言表现互相帮助的快乐。

学习活动二：编演生活故事

1. 情境演练：有的小朋友每天快快乐乐，有的小朋友经常愁眉苦脸。有的小朋友觉得一个人的时候很孤单，有的小朋友觉得人多时太吵了。若他们是你的好朋友，你会如何劝说他们呢？

情境1：

小语说："周末一个人独自在家，好无聊啊，太寂寞了！"

情境2：

小文说："很多人在一起玩，实在是太吵了！"

2. 小组练习：一位同学当小语，其他同学来劝一劝她。

提示：用"称呼＋自己的观点＋解决方法"的方式回答。

要点：当一个人无聊的时候，可以_____；当一个人心情不好的时候，可以_____；当一个人学习累了的时候，可以_____……

3. 演一演：一位同学当小语，其余同学一起劝说。

提示：要帮他人解决问题，需要有理有据地说明自己的想法，并给予有效的解决方法。

4. 师生合作：老师演小文，学生进行劝说。

提示：用"称呼＋自己的观点＋解决方法"的方式回答。

要点：当很多人在一起玩太吵闹时，可以_____；当很多人在一起无所事事时，可以_____……

5. 生活中，不管是一个人独自在家，还是很多人一起玩，都可以是一种快乐！

（二）教学建议

1. 语言文字积累与梳理。思辨性阅读与表达是核心，但语言文字积累与梳理是每个单元的基础学习任务。（1）低年级仍要把重心放在基础知识的学习上，借助汉语拼音自主认读生字，提升识记字形的能力。（2）本单元的核心学习任务是联系上下文了解词语的意思，进行词句积累和运用。重点引导学生用联系上下文的方法读懂词语的意思，如"独白、有劲、轮流、孤单、邻居"等词，并学会迁移运用。对于词语积累，要引导学生建立初步的归类意识，如积累"叽叽喳喳、安安静静"等 AABB 式的词语，"跳绳、踢足球、讲故事、听音乐、打排球、打篮球"等与动作、运动有关的词语。（3）学会音序查字法，与联系上下文理解词义的方法互为补充和促进，逐步养成自主识字的习惯。

2. 课时安排建议。"语言文字积累与梳理"3 课时，"任务一：讲好快乐故事"3 课时，"任务二：发现快乐秘密"3 课时，"任务三：做快乐传播者"3 课时。

3. 学习策略。（1）图像化策略。图像化是将故事用结构图的方式直观呈现的学习策略，有助于学生抓住故事的主要情节。根据结构的不同，可采用"鱼骨图""树状图""情节轴"三种图式。《小公鸡和小鸭子》抓住"困难、帮助"绘制"鱼骨图"，简单明了；《树和喜鹊》根据情节与情感前后的变化，画一条"情节轴"，对比鲜明；《怎么都快乐》找出有几个小朋友一起玩、玩了哪些游戏，并完成"树状图"。三类思维导图可以形象化的方式展现思辨性故事的内容。(2)故事表演策略。故事表演也称角色表演,通过练演故事、小组表演、师生表演等形式,让学生加深对故事内容的理解,增强学生的语言表达能力。结合现实情境,建立表演评价机制,既能激发学生积极参与、主动思考的热情,也能让学生掌握一定表演技巧,达到故事表演的目的。(3)句式导向策略。在教学关键处,教师提供句式,用"因为……所以……"把故事情节说清楚。在编演三则故事的过程中,教师以不同的角色穿插进行插问,旨在引导学生走进故事,揣摩人物内心,把故事中的快乐说清楚。(4)生活化解读策略。创设生活情境,作出自己的理解。这样的生活化解读策略,可以有力地培养学生的批判性思维和表达能力。用"称呼(礼貌用语)+自己的观点+解决方法(在什么情况下,可以干什么)"这样的形式进行劝说,这是低年级进行思辨性阅读与表达时不可缺少的表达支架。

➡ 五、练习与测评

(一) 基础性作业

1. 照样子写词语。

(1) 叽叽喳喳:_____ _____ _____

(2) 好多好多:_____ _____ _____

(3) 静悄悄:_____ _____ _____

(4) 安静——安安静静:_____ _____ _____

2. 在括号里填上合适的动词。

( )虫子	( )毽子	( )纸船
( )音乐	( )排球	( )足球
( )积木	( )故事	( )羽毛球
( )游戏	( )象棋	( )跷跷板

3. 写出下列词语的反义词。

喜欢——( )   快乐——( )   从前——( )

4. 照样子,写句子。

例:树很快乐,喜鹊也很快乐。

姐姐学习很认真,_____也很_____。

_____很_____,_____也很_____。

(二) 拓展性作业

创编《朋友拍手歌》,合作游戏。

你拍一,我拍一,一个朋友来这里。

你拍二,我拍二,两个朋友_____。

你拍三,我拍三,三个朋友_____。

你拍四,我拍四,四个朋友_____。

你拍五,我拍五,五个朋友_____。

你拍六,我拍六,六个朋友_____。

你拍七,我拍七,七个朋友_____。

你拍八,我拍八,八个朋友_____。

你拍九,我拍九,九个朋友_____。

你拍十,我拍十,我们一起快乐多!

第二讲　世界真奇妙

——统编教材二年级上册第一单元"思辨性阅读与表达"
学习任务群设计

一、主题与内容

（一）主题的确立

统编教材二年级上册第一单元为科普类童话单元。我们根据科普类童话、童诗的文体特点，设计了"世界真奇妙"这一学习主题。

一是从生活角度来看，这一主题顺应学生认识世界的需要。学生对世界上的事物充满了好奇，在生活中可以通过观察认识常见的事物，发现事物的外在特征；在书本世界中可以通过阅读认识更多的事物，还能发现事物的变化过程以及变化规律，透过奇妙的现象看到事物的真相，进一步增强通过阅读发现事物奥秘的学习热情。

二是从学科角度来看，这一主题契合单元主题的教学要求。"大自然的秘密"主题单元编排了关于动物、植物及事物的科普类童话及童诗，教学中要求学生能在阅读中发现并讲述青蛙的成长过程、水的变化形态以及植物种子的传播方式，从中学习科学知识，科普类童话、童诗的阅读方法与其中蕴含的思维方法，提高对事物的认识能力与表达能力，增进对科普类文章的阅读兴趣与探究欲望。

三是从学习角度来看，这一主题立足于学生思维发展的起点。兴趣是思维发展的动力原点，以童话、童诗的形式呈现事物的奇妙之处及变化规律，能让学生"读"得兴趣盎然，"思"得积极主动；任务是思维发展的动力起点，发现奇妙之处、探究变化规律，以挑战性的问题，激活学生的形象思维，激发学生的抽象思维，推动学生借助事物形象进行理性思考，促进学生思维能力的发展。

（二）内容的归属

《义务教育语文课程标准(2022年版)》第一学段"思辨性阅读与表达"学习任务群包括两个方面的学习内容,其中一个是在阅读中探究事物的奇妙之处:"阅读有趣的短文,发现、思考身边的鸟兽虫鱼、花草树木、家用电器等日常事物的奇妙之处,说出自己的想法。"这项学习内容旨在借助阅读发现事物的奇妙变化,通过比较、猜测、讨论等方式,认识事物的变化规律,从中形成求真的学习态度与基础的理性思维能力。

二年级上册第一单元以"大自然的秘密"为主题选编了一系列充满童话色彩的科普类短文,为建构"思辨性阅读与表达"学习任务群提供了丰富的学习资源,因此,本单元以"思辨性阅读与表达"学习任务群组织教学。

（三）内容的组织

统编教材二年级上册第一单元编排的是科普类的短文,本单元以"大自然的秘密"为人文主题,编排了科普童话《小蝌蚪找妈妈》《我是什么》,科普诗歌《植物妈妈有办法》三篇课文,分别从动物、植物、自然现象这三个不同角度,介绍了大自然中的科学常识,帮助学生感受大自然的奇妙,从而产生热爱自然、探究自然的兴趣,并逐渐养成阅读科普类童话故事的习惯。这些文本为"思辨性阅读与表达"学习任务群的设计提供了丰富的学习资源。

二、目标与评价

教学目标	评价要求
能在生活化的学习情境中,了解动物、植物及事物的奇妙变化过程,丰富生活经验与词句积累,增进探索世界的好奇心与求知欲。	1. 能根据图片正确说出事物的名字,能按照动物、植物、事物将名字进行分类积累。 2. 能分角色朗读《小蝌蚪找妈妈》,能借助课文插图和关键词句,完整、有条理地讲述青蛙的成长过程。 3. 阅读《两个名字》,能依据动物、植物的形态变化讲述有两个名字的原因。 4. 能运用《两个名字》的写法,选择有两个名字的事物,口述一首童诗。

教学目标	评价要求
能在具体的问题情境中,学习借助事物形象进行分析判断的思维方法,抓住要点有序地讲述不同事物的变化过程,逐步提高表达的准确性与条理性。	1. 能熟读课文《我是什么》,能运用文中的关键词语,说清水的不同形态及不同作用。 2. 能借助课文插图,画一幅思维导图,说清楚水的形态变化及原因。 3. 阅读故事《雪孩子》《企鹅寄冰》,能说清楚雪的去向与冰变来变去的原因。 4. 能和父母一起完成将水做成冰、烧成水蒸气的小实验,写一篇实验小报告。 5. 能根据课文和实验记录,画一张水的变化图,能有序讲述水变化的过程及规律。
能在真实的学习情境中,借助课文插图及关键词句,初步认识与把握植物及事物的形态特点与变化规律,逐步提高阅读理解力。	1. 能熟读《植物妈妈有办法》,能借助课文插图和关键词句,说清楚不同植物种子的传播方法。 2. 阅读《海底世界》(节选)及其他资料,写一份《动物的旅行报告》。 3. 阅读绘本《水的旅行》《神奇校车:水的故事》,能用图文结合的方式,完成《水的旅行报告》,并与同学分享。

三、情境与任务

"世界真奇妙"学习主题的关键词是"奇妙"。动物、植物及事物,各有各的"奇妙之处",各有各的"变化特点"。紧扣这个"变"字,可以从不同的角度创设不同的学习情境。一是动物的"成长之变"。动物的成长,一般只有大小的变化,但是青蛙、蝴蝶等动物在成长过程中,其身体形态发生了根本性的变化,小时候与长大后的形态完全两样,常常被我们误认为是两种动物。以"不一样的名字"作为情境任务,可以在故事阅读中发现动物成长过程中的变化特征以及变化规律。二是事物的"状态之变"。水在不同的温度下,变成了不同状态,被我们当成了不同的事物,成了不同的自然现象,也就有了不同的名字。更奇妙的是,水能变成不同的状态,还能变回来,还原为水。以"不一样的变化"作为情境任务,可以思考不同的故事中相同的变化规律。三是植物的"运动之变"。植物一般是不动的,但奇妙的是它能通过不同的方式传播种子,从而实现"运动"。以"不一样的旅行"作为情境任务,既可以探究植物的运动奥秘,又可以思考动物及事物的运动方式,在多种比较中加深对事物运动规律的认识。由此,我们针对"世界真奇妙"学习主题,围绕动物、植物、事物的"变",设计了三个前后连贯的情境任务,建构了学习主题统领下的任务单元(见下图)。

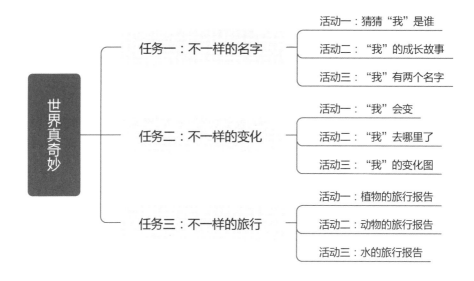

为了更好地完成三个学习任务,我们依据"教人做事"的实践逻辑,将情境任务作了活动分解,设计了结构化的活动链。

任务一:不一样的名字。先看图画认事物,猜猜"我"是谁,读读"我"的名字,知道每样事物有一个对应的名字;再阅读《小蝌蚪找妈妈》,说说小蝌蚪的成长故事,知道蝌蚪、青蛙这两个不同名字的联系;最后阅读《两个名字》,探究事物有两个甚至多个名字的原因,懂得有些事物在生长的不同阶段有不同的形态就有不同的名字。

任务二:不一样的变化。先阅读《我是什么》,认识不同的自然现象,了解水在不同环境下的不同状态及不同作用;再阅读《雪孩子》《企鹅寄冰》,比较雪与冰在故事中的变化原因,了解水能变为冰又变回水的奇妙之处;最后结合温度和水不同状态之间的关系,绘制水的变化图,了解水的形态变化规律。

任务三：不一样的旅行。先阅读《植物妈妈有办法》，联系生活经验，了解植物种子的传播方式；再阅读《海底世界》（节选），联系生活经验，说说动物的活动方式，特别是人类的运动方式；最后阅读绘本《水的旅行》《神奇校车：水的故事》，了解水的运动方式，写一滴水的旅行报告，并有条理地进行讲述。

三个学习任务围绕"世界真奇妙"这个学习主题前后连贯、并行展开，让学生从三个不同的角度去探究世界的"奇妙之处"；同一任务中的多项学习活动相互关联、层层递进，从阅读到表达，从认识事物的表象到深入探究事物的本质，带领学生开启一段奇妙的学习之旅。

---------------→ 四、活动与建议 →---------------

（一）活动设计

任务一　不一样的名字

学习情境：我们每个人都有自己的名字，生活中的万事万物也都有自己的名字。一种事物一般只有一个名字，但是有的事物却有两个名字，甚至有好几个名字。多么奇妙的事物啊！请你以"发现者"的身份，和同学们一起去探究，去发现名字背后的秘密，讲一讲名字背后的故事。

学习活动一：猜猜"我"是谁

1. 课前活动：到动物园或植物园等游玩，将你看到的动物、植物及事物的名字写在卡片上。

2. 趣味游戏：猜猜"我"是谁。

（1）猜一猜。一位同学用"说、画、演"等方式描述卡片上的事物，其他同学猜猜事物的名字。

卡片内容：蝌蚪、青蛙、鲤鱼、乌龟、蒲公英、豌豆、苍耳、云、雪、冰雹等。

（2）分分类。将猜出的事物进行分类整理，读熟词语。

动物   植物   事物

事物分类图

3. 分享发现：将自己记录的事物名字与大家分享，分类填写在对应类别的框中。讨论中发现一个名字对应一种事物。

学习活动二："我"的成长故事

1. 读课题，读课文，把课文读通顺、读流利。

提示：读准生字字音，读准后鼻音的字"塘、迎、顶"，读准多音字"教"。

要点：注意读好"大大的脑袋，黑灰色的身子，甩着长长的尾巴，快活地游来游去"的断句节奏。

注意读好"小蝌蚪游哇游，过了几天，长出了……"这样反复的句子，"游哇游"语速缓慢。

2. 找一找，说一说。说说你认识的小蝌蚪和青蛙的样子。在《小蝌蚪找妈妈》中找一找相关词句，读一读。

大大的脑袋
黑灰色的身子
甩着长长的尾巴

披着碧绿的衣裳
鼓着一对大眼睛
露着雪白的肚皮

蝌蚪与青蛙对照图

3. 读一读，议一议。分角色朗读《小蝌蚪找妈妈》，讨论：蝌蚪和青蛙是什么关系？

提示：朗读时把自己想象成小蝌蚪、鲤鱼、乌龟、大青蛙。

预设：蝌蚪长大后就变成青蛙。

4. 连一连，讲一讲。根据小蝌蚪的成长过程，讲一讲小蝌蚪的成长故事。

提示：按顺序说。

预设：

小蝌蚪长着大大的脑袋，黑灰色的身体，甩着长长的尾巴，快活地游来游去。

小蝌蚪游哇游，过了几天，长出了两条后腿。

小蝌蚪游哇游，过了几天，长出了两条前腿。

小蝌蚪游哇游，过了几天，尾巴变短了。

不知什么时候，小青蛙的尾巴已经不见了。

学习活动三："我"有两个名字

1. 熟读童诗《两个名字》，联系生活，填写事物小时候和长大后的名字。

事物的两个名字对应表

小时候的名字	长大后的名字
蝌蚪	青蛙
竹笋	
	蝴蝶
孑孓	
	飞蛾

预设：蝌蚪—青蛙；竹笋—竹子；毛毛虫—蝴蝶；孑孓—蚊子；蚕—飞蛾

2. 运用句式，分角色演一演。

我是_____。我有两个名字，小时候叫_____，长大了叫_____。

3. 仿照童诗中的一个段落，选择生活中有两个名字的事物，编一首童诗，讲给同学听。

可借助下面的提示创编：

_____告诉____， 它有两个名字： 小时候叫_____， 上学了叫_____。	_____告诉____， 它有两个名字： 小时候叫_____， 长大了叫_____。	_____哈哈哈， _____嘻嘻嘻。 去问问还有谁， 也有两个名字。

4. 小组讨论：为什么这些事物有两个名字？将事物小时候的形态与长大后的形态进行对比分析，揭开两个名字背后的秘密：如果动物、植物在生长过程中，它的形态完全变了样，就会被人们当作两种事物来命名。

任务二 不一样的变化

学习情境：小蝌蚪可以变成青蛙，竹笋可以变成竹子，但是长大后的青蛙和竹子，再也变不回原来的样子了。如果能像孙悟空那样，既可以变成另外的样子，又可以变回原来的样子，那该多奇妙啊！请你化身为"一滴水"，在神秘的世界里去不断变身，看看究竟能有多少种变化？还能发生多少神奇的故事？

学习活动一："我"会变

1. 演一演：和老师一起做"孙悟空大战二郎神"的游戏。

老师扮演孙悟空，学生扮演二郎神。游戏规则：孙悟空变什么事物，二郎神要变成更厉害的事物。如，孙悟空变成麻雀，二郎神就变成老鹰……

游戏结束：孙悟空和二郎神不管变成什么，最后都变回了他们自己。

2. 熟读课文《我是什么》，读通顺、读流利。

提示：读准生字字音，读好多音字"没"。

预设：读好带有"落、打、飘"等动词的句子；读好带有"睡觉""散步""奔跑""跳舞""唱歌""开大会"这些有拟人色彩的词的句子，使学生了解这是形容水在池子、小溪、江河、海洋里的不同状态。

3. 读一读，逐一梳理："我"变成了哪些事物？"我"有哪些活动方式？"我"能做哪些事？

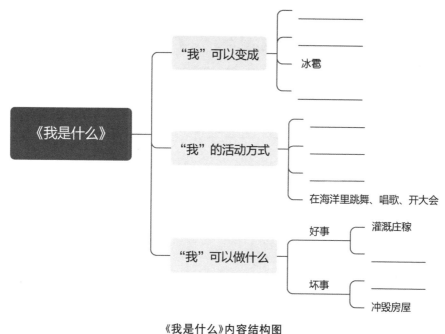

《我是什么》内容结构图

4. 参照思维导图,运用"我能变成……"的句式,有条理地复述课文内容。

例句:我能变成_____,我能变成_____,我也能变成_____……但是,不管我变成什么,我就是我,我就是_____。

学习活动二:"我"去哪里了

1. 读一读,找一找:读童话故事《雪孩子》,猜猜雪孩子去哪里了?从《我是什么》的思维导图中找出来。

2. 读一读,想一想:阅读童话故事《企鹅寄冰》,完成下面的故事图,想一想:冰和水都去了哪里了?

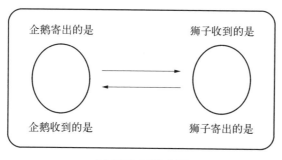

《企鹅寄冰》情节图

3. 请家长帮忙做一做实验，记录下你的发现。

家庭小实验记录表

操作方法	发生现象	你的发现
把水放在冰箱的冷冻室几个小时。		
把冰块放在热水中十分钟。		
把少量的水放在锅里加热两分钟。		
烧一壶水，直至沸腾。		
从冰箱里拿出一个鸡蛋，在空气中放置一会儿，观察鸡蛋的变化。		
在水烧得沸腾时，把玻璃片放在上方，再迅速放进冰箱冷冻室，观察玻璃片表面的变化。		

学习活动三："我"的变化图

1. 根据你的实验，联系生活经验，完成水的变化图。

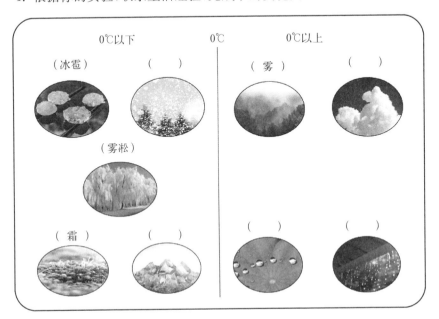

水的变化图

2. 根据水的变化图,做一次科学小报告,讲述水的变化过程。

例句:我是____,在_____的时候(变化的条件),我就变成了_____。

任务三 不一样的旅行

学习情境:旅行就是从一个地方到另一个地方。动物有脚可以走,有翅膀可以飞,有尾巴可以在水里游……植物没有脚,也没有翅膀和尾巴,它们想去旅行,就要有自己的绝招和妙计。请你以一个"旅行者"的身份,跟着植物们去旅行吧!看看它们又有什么特别的本领与神奇的故事,回来分享给大家听哦!

学习活动一:植物的旅行报告

1. 熟读童话诗《植物妈妈有办法》。

提示:读准生字字音,读准多音字"为、得",借助工具书理解"铠甲"。

要点:读好短句"牛马有脚,鸟有翅膀""啪的一声,豆荚炸开",读出节奏;问句"植物旅行又用什么办法?"语调上扬。

2. 梳理不同植物传播种子的不同方法,写在学习单上。

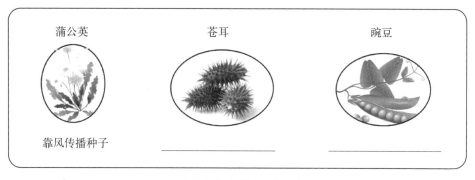

蒲公英　　　　　苍耳　　　　　豌豆

靠风传播种子　　_____　　_____

《植物妈妈有办法》学习单

3. 交流分享:将在电视节目中看到的或生活中发现的种子传播办法在小组内进行交流分享,将结果写在学习单上。

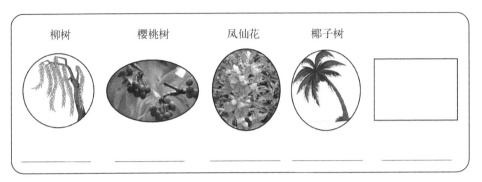

柳树　　　　樱桃树　　　　凤仙花　　　　椰子树

植物种子传播方式图

4. 分类报告：植物妈妈传播种子的方法很多，请你根据传播方式对下面的植物进行归类整理，做一场关于植物旅行的小报告。

① 蒲公英　② 苍耳　③ 豌豆荚　④ 柳树　⑤ 樱桃树　⑥ 凤仙花　⑦ 椰子树

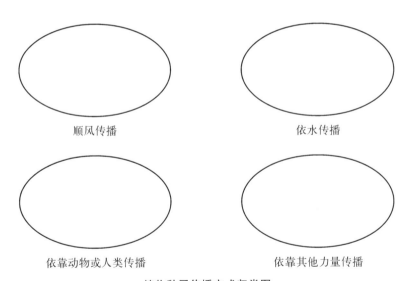

植物种子传播方式归类图

学习活动二：动物的旅行报告

1. 联系自己的生活经验，在小组内交流动物的旅行方式，记录在学习单上。

动物旅行方式表

动物	旅行方式
狮子、老虎、大象	
燕子、老鹰、天鹅	
蛇、蚯蚓、蜗牛	

2. 阅读《海底世界》(节选),完成学习单,并给同学介绍一下海底动物的旅行方式。

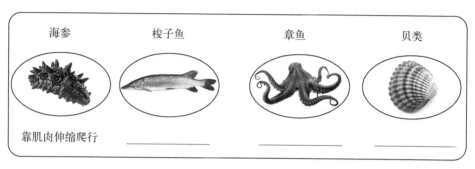

海底动物活动方式图

3. 分类并做报告。将海底动物的旅行方式进行分类,然后结合其他动物的旅行方式,做一场关于动物旅行方式的小报告。

① 海参 ② 鲨鱼 ③ 金枪鱼 ④ 乌贼 ⑤ 贝类 ⑥ 章鱼 ⑦ 藤壶
⑧ 梭子鱼

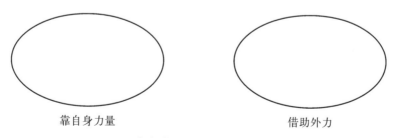

海底动物活动方式归类图

学习活动三：水的旅行报告

1. 观看视频《水的旅行》，完成学习单，在小组内介绍水在自然界的旅行过程。

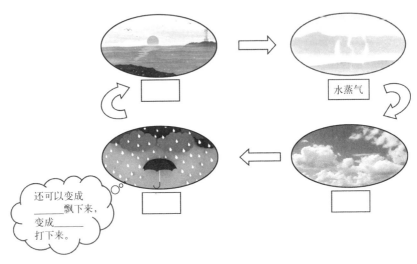

还可以变成
_____飘下来，
变成_____
打下来。

水蒸气

水在自然界的旅行图

2. 阅读绘本《神奇校车：水的故事》，小组合作，说说水在自来水厂的旅行过程。

3. 参观自来水厂，采访水厂技术人员；结合《神奇校车：水的故事》，根据下面的示意图和关键词，做一场关于水的旅行的小报告。

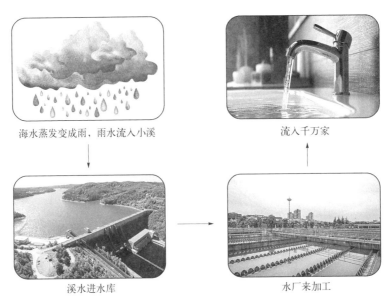

海水蒸发变成雨，雨水流入小溪

流入千万家

溪水进水库

水厂来加工

水的旅行图

（二）教学建议

1. 语言文字积累与梳理。思辨性阅读与表达是核心，但语言文字积累与梳理是每个单元的基础学习任务。（1）读懂每一篇科普类短文。应让学生能借助图片和关键词，了解课文内容，提取明显的信息，有条理地讲述变化的过程。（2）积累并运用表示动作的词语，三篇课文中动词运用得十分准确，增强了文章的表达效果。《小蝌蚪找妈妈》中"披着""鼓着""露着""甩着"是一组表示动作正在进行的词语；《我是什么》中"落下来""打下来""飘下来"，同样表示下来，但用上不同的动词写出了不同的状态；《植物妈妈有办法》中"乘着风""纷纷出发""蹦着跳着""炸开"等写出了不同植物传播种子的方法。这一要素通过三篇课文和一个"语文园地"来落实，层层递进，环环相扣，让学生从说一个词组到说一句话到说一段话，从一个字到两组词的比较，一步一步感受到动词使用的妙处，有梯度地进行积累与运用。

2. 课时安排建议。"语言文字积累与梳理"3 课时，"任务一：不一样的名字"3 课时，"任务二：不一样的变化"3 课时，"任务三：不一样的旅行"3 课时。

3. 学习策略。（1）关键词提取策略。围绕问题边读边思，是有效阅读的基本方式。阅读中，应该抓住课文中的关键词句，思考词句在句子中的具体含义以及前后之间的因果关系。动物、植物以及水的运动方式各不相同，在不同文本的阅读中，指导学生关注并提取各类动词，就能准确理解其运动方式。在此基础上，分别梳理植物、动物以及水的运动方式，并做小报告，学习就扎实了。（2）多媒体学习策略。课文仅仅是一种文本类资源，学习需要凭借多种资源，才能锻炼学生的阅读理解能力。而音频、视频以及实物等学习资源，更具直观性，更能调动学生的多种感官，促进多角度、多维度思维。阅读了《植物妈妈有办法》《海底世界》（节选）等课文，再观看有关神奇的植物、海底的动物等的专题纪录片，学生会对动植物的运动有更加丰富的认识，积累更多的报告素材；阅读了《我是什么》，再阅读图文结合的绘本，观看自然气象专题纪录片，进而实地参观采访，获取第一手资料，再做水的旅行报告，就能跳出课文的内容局限与单一思路，做出富有创造性的报告来。（3）经验迁移策略。学习经验重在迁移，在不同的学习情境中，经验的迁移能力会得到完善与提升。植物旅行报告、动物旅行报告、水的旅行报告，都是讲述事物的不同运动方式的，在阅读与表达方法上相似，前一个活动中运用的方法可以迁移到后一个活动中,并结合新的情境资源,不断改进。运用经验迁移策略,既能促进学生在"举一"中"反三",熟练掌握阅读与表达技能,又能促进学生在"举三"中"反一",通过总结三次报告,认识阅读与表达的基本规律。(4)概念形成策略。学生是在直观经验的基础上形成概念的。教学中,需要借助多个事物的生长变化,从蝌蚪与青蛙、毛毛虫与蝴蝶、竹笋与竹子等不同事物的生长变化中,发现一个共同的变化规律:如果同一种动植物小时候和长大后的形态完全不同,那不同生长阶段就有不同的名字。在此基础上,才能形成"变态生长"这个概念。从具体事物到抽象概念,需要经历一个不断比较、不断分析、不断总结的学习过程。(5)整体性思维策略。认识事物需要分析思维,更需要整体思维,将事物的各个要素整合为一个整体,对事物的认识就更全面、更完整。借助思维导图,引导学生将《我是什么》一文中水的各种状态变化梳理为一个部分,再与水的活动方式及性格脾气整合为一个完整的结构,以此从整体上把握水的各种变化,对水的状态变化规律的认识就更加深刻了。运用整体性思维策略,有助于学生梳理与把握课文的整体结构,形成从整体到部分再到整体的学习路径。(6)验证性学习策略。"纸上得来终觉浅,绝知此事要躬行。"书本中获取的知识,还需在生活中加以验证,这样的学习体现了求真的理性精神。阅读了《雪孩子》《企鹅寄冰》两个童话故事,对照《我是什么》中水的状态变化,学生不难发现雪融化成了水、水蒸发成了汽,也不难看出是冰化成了水、水结成了冰。但是在什么条件下、达到什么温度才会发生状态的变化,课文中并未说明。学生的家庭小实验,正好验证与补充了课文的说法。验证性学习,可以让学生知其然,更知其所以然。

五、练习与测评

(一)单元练习

1. 请你为加点的字注音。

哪里(　　)　　　旅行(　　)　　　作业(　　)　　　炸开(　　)

捕捉(　　)　　　卡片(　　)　　　识字(　　)　　　迎接(　　)

2. 选字组词。

作　　做

(　　)业　　　　(　　)人　　　　工(　　)　　　　(　　)好事

带　　代

古(　　)　　　　(　　)表　　　　(　　)来　　　　(　　)领

及　　极

(　　)格　　　　积(　　)　　　　(　　)小　　　　来不(　　)

羊　　洋

山(　　)　　　　(　　)肉　　　　海(　　)　　　　喜(　　)(　　)

3. 照样子写词语。

例：碧绿的衣裳　　披着碧绿的衣裳

_____眼睛　　　　_____眼睛

_____肚皮　　　　_____肚皮

_____尾巴　　　　_____尾巴

_____果子　　　　_____果子

4. 用"\"标出每组中与其他词语不是一类的词语。

(1) 苹果　　帽子　　登山鞋　　手套

(2) 地图　　大象　　帐篷　　　水壶

(3) 豌豆　　苍耳　　蒲公英　　蝌蚪

(4) 江河　　湖泊　　银河　　　海洋

5. 填空。

小蝌蚪的成长过程——《小蝌蚪找妈妈》

(1) 池塘里有一群可爱的小蝌蚪不知道自己的妈妈是谁,于是他们就开始了自己的寻亲之旅。它们在_____的帮助下,终于找到了自己的妈妈。这个故事让我们懂得_____

的道理。

(2) 小蝌蚪的样子是_____。

青蛙的样子是_____。小

蝌蚪变成青蛙的过程是：_____。（填序号）

① 披着碧绿的衣裳，露着雪白的肚皮，鼓着一对大眼睛。

② 大大的脑袋，黑灰色的身子，甩着长长的尾巴。

③ 先长出两条后腿；过了几天，长出两条前腿；又过了几天，尾巴变短了，成了青蛙；最后，尾巴不见了。

水的变化——《我是什么》

(1) 我会变。太阳一晒，我就变成_____。升到天空，我又变成_____，在空中飘浮着。碰到冷风，我会变成_____、_____或_____落下来。

(2) 你们猜我是什么？我就是_____。

种子的传播——《植物妈妈有办法》

(1) 植物妈妈有办法。蒲公英靠_____传播种子，它的种子像_____

_____。

苍耳靠_____传播种子，豌豆靠_____传播种子。

(2) 请你补充句子。

① _____准备了降落伞，把它送给_____。

② 孩子如果已经长大，就得_____。

（二）单元测评

1. 阅读拓展。

植物有各种各样传播种子的小妙招。有的植物靠风传播种子，风会带着种子传播到很远的地方；有的植物需要水流传播种子，例如椰子成熟以后会掉到附近的海里，随着海流漂到远处；有的植物让小鸟或其他动物吃掉自己的种子，由于种子消化不掉，动物排泄时种子便会随粪便传到四面八方，如石榴、樱桃等。

(1) 填空。

① 椰子树的果子叫_____。

② 植物传播种子除了靠人采摘传播外，有的靠_____，有的靠_____，还有的靠_____。

（2）读课文，判断正确与否。

① 植物传播种子的方法很多。（   ）

② 椰子树生长在海边。（   ）

③ 石榴、樱桃都是靠小鸟或其他动物传播种子的。（   ）

④ 小马很爱吃植物的种子。（   ）

⑤ 读了短文，我知道了植物传播种子的方法各不相同。（   ）

2. 写一写：蚕是自然界中很奇妙的一种动物。小朋友们，你们有过养蚕的经历吗？请简单介绍一下蚕的生长过程。

第三讲　寓言是个"谜"

——统编教材二年级上册第五单元"思辨性阅读与表达"
学习任务群设计

（一）主题的确立

统编教材二年级上册第五单元是寓言故事。我们根据寓言的文体特点，设计了"寓言是个'谜'"这一学习主题。

一是从生活角度来看，读寓言故事可以明道理，获得看待问题的全新视角，对学生的生活具有一定的指导性。寓言故事中会出现很多"傻人""傻事"，读故事的过程中，可运用类比思维想到生活中的人与事，通过比一比、想一想，发现遇到问题后正确的做人做事方法。

二是从学科角度来看，寓言是文学性作品，却需要思辨性阅读，重在学习理性的思维方法。通过梳理故事情节，打开"谜面"，分析故事的因与果，判断人物的对与错，从而解释谜底懂得道理。这一阅读过程，由事及理，是从故事中领悟道理的过程，亦是发现故事与道理关联、谜面与谜底关联的过程。

三是从学习角度来看，读寓言故事，可以学习"用故事讲道理"的智慧说理方法。寓言用小故事讲大道理，大多具有规劝、讽喻的特点，常常不直接说明道理，而是让听故事的人自己去揣摩、领悟。读寓言故事，由人及己地思考，再由己及人地劝说，学用一种智慧的方法说理。

（二）内容的归属

《义务教育语文课程标准（2022年版）》"思辨性阅读与表达"学习任务群第一学段中有一项学习内容是"大胆提出生活和学习中遇到的问题，通过阅读、观察、请教、讨论等方式，积极思考、探究，乐于分享自己解决问题的办法，说出一两个理由”。这一内容旨在激发学生的好奇心和求知欲，以生活和学习中遇到的实际问题为起点，引导学生阅读寓言故事，通过梳理人物的“对与错”，故事的“因与果”，发现故事与道理之间的联系，激发学生的阅读兴趣，提升学生的逻辑思维能力，培养深刻、灵活的思维。

二年级上册第五单元选编了一系列生动有趣的故事类文本，为建构“思辨性阅读与表达”学习任务群提供了丰富的学习资源。因此，本单元以“思辨性阅读与表达”学习任务群组织教学。

（三）内容的组织

统编教材二年级上册第五单元编排的是寓言，选了三篇课文。《坐井观天》《寒号鸟》是动物寓言，采用角色对比的方式讲故事说道理；《我要的是葫芦》是人物寓言，采用前后对比的方式讲故事说道理。

根据单元学习主题“寓言是个‘谜’”，将课文重组为两个板块的学习内容：一是动物寓言，包括《坐井观天》《寒号鸟》及第八单元的《狐假虎威》，侧重分角色朗读与剧本表演；二是人物寓言，包括《我要的是葫芦》及“语文园地”中的《刻舟求剑》，侧重故事讲述与分析讨论。这些故事为“思辨性阅读与表达”学习任务群的设计提供了丰富的学习资源。

➡️ 二、目标与评价

教学目标	评价要求
能初步了解寓言，会分类整理寓言目录。	1. 能从已学的课文中找出《乌鸦喝水》《小猴子下山》等寓言故事。 2. 能从图书馆借一本寓言故事书，将其中的寓言分为动物寓言、植物寓言、人物寓言与事物寓言。 3. 能在班级的寓言目录的分类栏中，写上自己读过的寓言故事。

教学目标	评价要求
能分角色朗读与表演,会表现不同的语气、动作与神态。	1. 能区分并读出祈使、疑问、反问与感叹四种语气。 2. 会根据角色分类整理表示其动作与神态的词语,并能学着插图的样子表演出来。 3. 能熟记角色的话语,会主动选择某个寓言故事中的某个角色进行表演。 4. 能用商量的语气表达自己的请求或意见,会与同学合作表演。
能判断角色言行的对错并质疑,能由果溯因地探究故事中的道理。	1. 能根据不同角色所说的话、所做的事,辨别对与错。 2. 能对做错事、说错话的人问个"为什么",从错误的结果出发讨论其中的原因。 3. 能根据讨论的结果,用"因为……所以……"的句式把意思说清楚。 4. 能根据《狐假虎威》的故事情节,正确认识狐狸是狡猾而不是聪明。
能主动随文识字,能分类整理新学的词语。	1. 能借助拼音正确认读生字,能自己读通句子。 2. 能按照故事中的角色,将课文中的生词进行归类。 3. 能积累并说出"得"字结构的词语。

⇨ 三、情境与任务

　　"寓言是个'谜'"的学习主题下,应聚焦寓言故事,"谜面"就是寓言故事,"谜底"就是故事中的道理。紧扣"猜谜"这个极具游戏性、挑战性与思维含量的核心任务,在多样的学习情境中,设置多个阶梯式学习任务,让学生代入多个任务角色,实现任务驱动的情境化学习。一是找故事:寓言故事中藏着道理,只读故事不讲道理就忽视了寓言的意义,只讲道理不读故事就成了乏味的说理,因此用根据"谜面"猜"谜底"的形式,引导学生找一找、归归类,发现寓言的特点。二是演故事:好的故事不仅要讲,而且要演一演,设定三个难度逐层进阶的闯关游戏,让学生做一个会演故事的人。三是猜故事"谜":猜谜的活动情境,指向探究性学习,在对比、辨析的过程中,统整了语言学习与思维训练,能有效促进寓言学习

大观念的形成。根据寓言是个"谜"学习主题,我们前后设计了三个连贯的情境任务,建构了学习主题统领下的任务单元。(见下图)

任务一:找找"谜"故事。让学生代入"编辑"的角色,根据寓言的文体特点,将寓言从童话、神话、民间故事、小说等故事类文本中挑选出来,然后一起整理读过的寓言故事,最后分类编成一本班级寓言集。

任务二:演演寓言"剧"。让学生代入"导演"或"演员"的角色,鼓励学生闯三关。第一关是"识字归类关",自主识字学词;第二关是"对话朗读关",读好角色语气;第三关是"角色表演关",自由组队,自主分工,合作表演课本剧。

任务三:猜猜故事"谜"。让学生代入故事,对故事中的愚人或傻事问个"为什么",从不同的角度猜测、推断故事的"谜底"。先让学生说说故事中的"对与错",聚焦可笑处、坏结果;再让学生议议"果与因",由果溯因,猜测与推断原因;最后让学生猜猜"谜中理",比较不同的"谜底",选择最佳答案。

"找、演、猜"三个学习任务围绕单元学习主题依次展开,构成了一个前后关联的任务链:从"找"中了解寓言"故事+道理"的结构特点,从"演"中区分人物的"是非对错",从"猜"中锻炼"由果溯因"的思维能力,呈现了寓言学习大观念的形成过程。

---- → 四、活动与建议 ----

（一）活动设计

任务一　找找"谜"故事

学习情境：你读过多少寓言呢？你了解寓言的文体特点吗？请你做一名小编辑，将寓言从童话、神话、民间故事、小说等故事类文本中挑选出来，然后一起整理读过的寓言故事，最后分类编成一本班级寓言集。

学习活动一：听故事，识寓言

1. 说故事：小朋友们喜欢听故事吗？听过哪些故事呢？

要点：学生自由说，说清楚故事题目即可，可包含不同种类的故事。

2. 听故事：今天老师给大家带来了几个故事，请竖起耳朵认真听，你觉得哪一个与其他两个故事不一样，请你打个"√"。

□《女娲补天》　□《羿射九日》　□《坐井观天》

预设：《女娲补天》《羿射九日》两个故事非常神奇，都是神话故事；《坐井观天》是一则寓言故事，故事中藏着道理。

3. 明特点：谜语有谜底和谜面，寓言有故事和道理，请你想一想，如果把寓言看作是一个谜语，什么是谜面？什么是谜底呢？用线连一连。

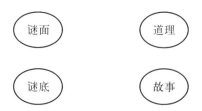

预设：故事和谜面一样，是用文字直接呈现出来的；道理和谜底一样，需要经过阅读与思考，自己感悟出来。

学习活动二：找寓言，列目录

1. 选故事：小朋友们听过那么多的故事，有些是童话，有些是神话，还有一些是寓言，请你挑一挑、选一选，把寓言故事从中挑选出来。

2. 绘制寓言目录表：把小朋友们读过的寓言汇集在一起，绘制一张寓言目录表，贴在教室里吧！

❀寓言目录表❀		
序号	目录	发现者

3. 更新寓言目录表：收集你读过的寓言故事，把题目填写在表格里，实时更新哦！

学习活动三：分分类，集寓言

1. 给寓言分分类：将收集到的寓言故事，根据主人公的类别，分为"动物寓言""植物寓言""人物寓言""事物寓言"四类，并放进对应的口袋中吧！

动物寓言　　　植物寓言　　　人物寓言　　　事物寓言

2. 把寓言编成集：每人挑选自己喜欢的一个寓言故事，把题目、类型整理出来,并选择一个喜欢的角色,画一幅插画,全班合作编成一本班级寓言集。

我来画一画!

寓言题目:

寓言类型:

3. 让合集亮亮相:举办一场年级组的"寓言集亮相会",在年级中展示各班的寓言集。

任务二　演演寓言"剧"

学习情境:闯关大挑战。第一关是"识字归类关",自主识字学词;第二关是"对话朗读关",读好角色语气;第三关是"角色表演关",自由组队,自主分工,合作表演课本剧。做一回"导演"或"演员"吧!

学习活动一:闯"识字归类关"

1. 读一读:自由读课文,学习文中的生字,借助拼音读准字音、读通句子。

预设:读准多音字还、号、当、将、难等。

读准叠词哆嗦嗦、乐呵呵、兴冲冲等。

读准量词堵、道、条、棵等。

2. 想一想:读《寒号鸟》,关注下列短语,读一读,想一想,你发现了什么规律?你还能举出相似的例子吗?

冻得直打哆嗦
热得直冒汗
……

冷得像冰窖
热得像蒸笼
……

预设：关注"得"字结构的词语，发现构词规律，"得"的前面是形容词，"得"的后面是短语，用一种状态或者一种比喻，详细说明怎么样。生活中，还可以用"＿＿＿＿得＿＿＿＿"来形容人的状态，比如"急得直跺脚""累得直喘气"等。

学习活动二：闯"对话朗读关"

1. 借"标点"读好对话。

（1）读一读《坐井观天》中的对话，关注句子中特殊的标点，读出语气。

> 青蛙说："朋友，别说大话了！天不过井口那么大，还用飞那么远吗？"
> 小鸟说："你弄错了。天无边无际，大得很哪！"

预设：读青蛙的话，抓住叹号，要读出不屑、不信的语气；抓住问号，要读出怀疑的语气；读小鸟的话，抓住叹号，读出夸张、感叹的语气。

（2）请你再读一读《我要的是葫芦》中的对话，用相同的方法，找到特殊的标点，读出语气。

> 一个邻居看见了，对他说："你别光盯着葫芦了，叶子上生了蚜虫，快治一治吧！"

> 那个人感到很奇怪，说："什么？叶子上的虫还用治？我要的是葫芦。"

预设：邻居的话，抓住叹号，读出紧张、劝说的语气；种葫芦的人的话，抓住问号，读出怀疑、不信的语气，甚至是不屑的语气。

（3）先分组练习，再请两组同学读一读，看谁读得最像，最有角色感。

2. 借"动作神态"读好对话。

（1）除了特殊的标点，在读对话时候，还应通过人物的动作、神态体会说话的语气。读一读《狐假虎威》的故事，找出描写狐狸和老虎动作、神态的短语。

（2）请你把这些词，填在下面的图表中，看看有什么发现。

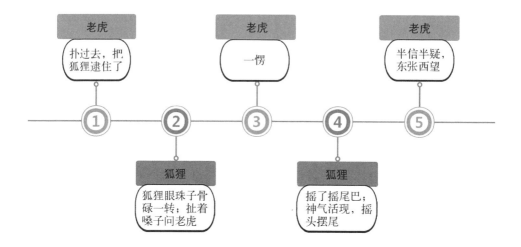

预设：老虎越来越相信，狐狸越骗越像真的。

（3）请你读一读下面的句子，抓住这些动作，读出老虎和狐狸的不同语气。

狐狸	老虎
狐狸眼珠子骨碌碌一转，扯着嗓子问老虎："你敢吃我？"	"为什么不敢？"老虎一愣。
"老天爷派我来做你们百兽的首领，你吃了我，就是违抗了老天爷的命令。我看你有多大的胆子！"	老虎被蒙住了，松开了爪子。

预设：读狐狸的时候，抓住"眼珠子骨碌碌一转"，读出狡猾的感觉；读老虎的时候，抓住"一愣"，把半信半疑的语气读出来。

3. 借"对比"读好对话。

读一读《寒号鸟》，课文中有几处特殊的语言，请你读一读。

① 寒号鸟在崖缝里冻得直打哆嗦，不停地叫着："哆啰啰，哆啰啰，寒风冻死我，明天就做窝。"

② 寒号鸟还是不听劝告，伸伸懒腰，答道："傻喜鹊，别啰唆，天气暖和，得过且过。"

要点：前后形成鲜明对比。前者要读出虚弱、寒冷的感觉以及后悔的心情。后者读出不以为意，只顾眼前的愚昧心态。

学习活动三：闯"角色表演关"

1. 选一选：举办一场故事表演会，自主选择一个故事中的角色，读好它的台词。

角色	台词	自主评价
青蛙	朋友，别说大话了！天不过井口那么大，还用飞那么远吗？	☆☆☆☆☆
寒号鸟	傻喜鹊，别啰唆。天气暖和，得过且过。	☆☆☆☆☆
种葫芦的人	我的小葫芦，快长啊，快长啊！长得赛过大南瓜才好呢！	☆☆☆☆☆
狐狸	老天爷派我来做你们百兽的首领，你吃了我，就是违抗了老天爷的命令。我看你有多大的胆子！	☆☆☆☆☆

2. 演一演：寻找一位同学，选择一个角色，与你合作，共同完成表演。其他同学来评一评。

要点：学生点评的时候，抓住上面的三种读对话的方法，言之有理即可。

任务三　猜猜故事"谜"

学习情境：问问故事中的愚人"为什么"，问问"为什么"做傻事，聚焦可笑处、坏结果，说说故事中的"对与错"；由果溯因，议议"果与因"；猜猜"谜中理"，比较不同的"谜底"，选择最佳答案。做一名小"解谜能手"吧！

学习活动一：说说"对与错"

1. 试试身手：在《坐井观天》中画出青蛙和小鸟的不同说法，比较一下，说说谁对谁错。

角色	青蛙	小鸟
说法	天不过井口那么大。	天无边无际,大得很哪!
对错		
理由		

2. 练练思维:在《寒号鸟》中画出喜鹊和寒号鸟的不同做法,比较一下,说说谁对谁错。

角色	喜鹊	寒号鸟
做法	天气晴朗,忙着做窝。	太阳高照,正好睡觉。 天气暖和,得过且过。
对错		
理由		

3. 挑战极限:阅读《狐假虎威》,比较两种关于狐狸的说法,说说谁对谁错。

说法	狐狸是狡猾的。	狐狸是聪明的。
对错		
理由		

4. 最强大脑:你是从哪些方面判断一个人的说法或者做法是错的还是对的?

预设:说法是否符合客观事实;该人物最终结果是好是坏;站在不同的角度看问题。

学习活动二:议议"果与因"

1. 画张思维导图:阅读《我要的是葫芦》,对照两幅插图,讨论种葫芦的人为什么一个葫芦都没得到,画一张由果溯因的思维导图。根据由果溯因的思维导图,用"因为……所以……"的句式,把得不到葫芦的原因说清楚。

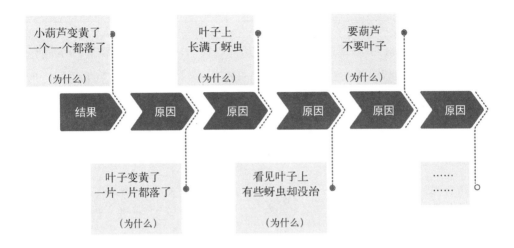

2. 画张简笔画:阅读《刻舟求剑》,讨论为什么那个人捞不到宝剑,用简笔画把捞不到剑的原因画出来。根据简笔画,用"因为……所以……"的句式,把原因说清楚。

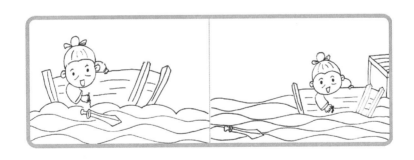

3. 最强大脑:你是用什么方法发现事情没做成的原因的?

预设:借助思维导图,从结果一步一步往前推原因;借助简笔画,从做法和结果中发现原因。

学习活动三:猜猜"谜中理"

1. 找一句话:根据寓言故事的内容,找一找这些角色说过的最能反映其特点的一句话。

角色	井底之蛙	寒号鸟	种葫芦的人	捞宝剑的人	狐狸
最能反映其特点的话					

2. 猜一个"谜"：根据这句最能反映其特点的话，想一想这个寓言中的角色代表了生活中的哪一类人？猜猜寓言这个"谜"，用一个最贴切、最简单的词语形容这个角色。

角色	井底之蛙	寒号鸟	种葫芦的人	捞宝剑的人	狐狸
最贴切、最简单的词语	孤陋寡闻 鼠目寸光 一知半解 ……	得过且过 懒惰成性 贪图安逸 ……	一意孤行 急功近利 目光短浅 ……	一成不变 墨守成规 不知变通 ……	仗势欺人 狗仗人势 恃强凌弱 ……

3. 最强大脑：你是怎么猜出寓言这个"谜"的？

预设：找到角色的蠢话、傻事；想该角色代表哪一类人；用最贴切的词形容这个角色。

（二）教学建议

1. 语言文字积累与梳理。思辨性阅读与表达是核心，但语言文字积累与梳理是每个单元的基础学习任务。（1）读通读懂课文，能借助提示语与标点符号，区分祈使、疑问、反问与感叹四种语气，通过分角色朗读课文等形式体会人物特征与情感。（2）积累"得"字结构的词语：第一组"冻得直打哆嗦、热得直冒汗"，第二组"冷得像冰窖、热得像蒸笼"。（3）语文园地：不言不语、只言片语、三言两语、千言万语、豪言壮语、少言寡语、自言自语、甜言蜜语。

2. 课时安排建议。"语言文字积累与梳理"3课时，"任务一：找找'谜'故事"2课时，"任务二：演演寓言'剧'"4课时，"任务三：猜猜故事'谜'"2课时。

3. 学习策略。（1）归类整理策略。通过表格归类整理故事，发现寓言故事和历史故事、神话故事等其他故事之间的不同，日积月累，不断丰富自己的寓言积累。通过做故事资料卡的形式制作自己的寓言故事集，可以激发学生阅读兴趣，在完成任务的同时，积累寓言故事，扩充阅读量。这样可以在潜移默化中提升学生对于寓言故事和生活哲理的认识。（2）对话演绎策略。用演绎的方式读好人物语言，体会人物心情，分析人物形象。井底之蛙、寒号鸟、种葫芦的人、捞宝剑的人、狐狸，他们都有非常鲜明的角色语言。通过角色扮演，抓住标点，读好人物的语言，表现不同的神态和心情，以情境化的方式发现人物的"可笑之处"。（3）图像化策略。图像化是将寓言故事用结构图的方式直观呈现的学习策略，有助于学生抓住故事的主要情节，把握故事的关键之处，为深入思考道理提供一种支架。如通过思维导图发现得不到葫芦的原因；通过示意图理解捞宝剑的人为什么捞不到宝剑，借助形象化的工具阅读思辨性的故事，发现故事人物的"可笑之处"。（4）生活化解读策略。寓言毕竟是虚构的，学生理解的寓意要真正化为其做人做事的指南，需要将寓言迁移到生活中，作生活化解读。让学生在生活中找一找和寓言中相类似的"傻人""傻事"，从生活实际出发，作出自己的分析与是非判断。同时还要积累代表这些傻事的词语、成语，为后续规劝别人奠定基础。这样的生活化解读策略，可以有力地培养学生的批判性思维和求真精神。

------------------------------ ➡ 五、练习与测评 ------------------------------

（一）单元练习

1. 选择正确的读音填空。

huo　　hé　　hào　　háo

（1）天气暖和（　　），寒号（　　）鸟就喜欢美美地睡觉；天气寒冷，它就会呜呜地号（　　）叫。

（2）学校号（　　）召所有老师和（　　）学生向雷锋同志学习。

2. 照样子，写短语，画线的部分不变。

冷得像冰窖：_____　_____　_____

自言自语：_____　_____　_____

无边无际：_____　_____　_____

3. 根据课文内容填空。

（1）没过几天,叶子上的_____更多了。小葫芦_____变黄了,一个一个都落了。

（2）天亮了,_____出来了,喜鹊在枝头_____寒号鸟。可是,寒号鸟已经在夜里_____了。

（3）_____,万径人踪灭。

（二）单元测评

1. 连一连,将寓言故事和对应的道理连起来。

（1）《买椟还珠》　　做多余的事有害无益,多此一举反而坏事。

（2）《画蛇添足》　　我们不要只在意事物的外表,要深刻地认识事物的本质。

（3）《杞人忧天》　　要眼见为实,而不是听到很多人说是对的就相信了。

（4）《道听途说》　　做人要脚踏实地,不要担心那些在我们身边不可能发生的事情。

2. 读一读,阅读《削足适履》,完成练习。

（1）演一演,抓住故事中的对话,分角色演一演故事。

（2）填一填,根据故事内容分析买鞋人和店员的对错,填写表格。

角色	买鞋人	店员
做法		
对错		
理由		

（3）想一想,找出一些成语来形容买鞋人。

第四讲　遇到问题怎么办

——统编教材二年级下册第五单元"思辨性阅读与表达"
学习任务群设计

（一）主题的确立

统编教材二年级下册第五单元是故事单元。我们根据本单元的文体特点和"办法"这一人文主题，设计了"遇到问题怎么办"这一学习主题。

一是从生活角度来看，"遇到问题怎么办"对学生生活具有一定的指导性，"遇到问题怎么办"是每天都需要思考的。不同故事中的主人公会遇到各种问题，就像我们的生活中也会遇到麻烦。同样的问题，不同的人会用不同的方法去解决，最终的结果也大相径庭。通过阅读一个个故事，看到问题与办法的关系，形成"办法就在问题里"这样的大观念，这也是一种生活的智慧。

二是从学科角度来看，本单元的三个故事，题材不同、文体不同，故事中的主人公遇到的很多问题，是生活中也会时常发生的，而主人公的做法往往是反常的，甚至是错误的，因此导致了不如意的结局。这就需要思辨性阅读，从结局入手，逆向推断，发现做法"错"在何处、想法"蠢"在何处。由事及人，由人及己，从而获得新认知。

三是从学习角度来看，"遇到问题怎么办"这一主题教给学生看问题的眼光与视角。首先，故事内容与道理之间有着密切关联，要通过一个故事来明白道理，这就需要用类比的思维，发现生活中类似的人或事，从而理解道理。其次，人物做法与故事结局之间有着密切关联，不同的做法导致不同结局；这就需要通过比较、归纳等思维，找到最合理的解决办法，学会多角度思考问题。

（二）内容的归属

《义务教育语文课程标准（2022年版）》中第一学段的"思辨性阅读与表达"学习任务群包括三个方面的学习内容，其中一项内容是"大胆提出生活和学习中遇到的问题，通过阅读、观察、请教、讨论等方式，积极思考、探究，乐于分享自己解决问题的办法，说出一两个理由"。这一学习内容旨在要学生大胆地提问、独立地思考，并与他人一起讨论解决问题的办法；让学生懂得不同的问题要用不同的办法去解决，学会变换角度思考，获得生活智慧。

（三）内容的组织

统编教材二年级下册第五单元，围绕"办法"这个主题选编了《寓言二则》《画杨桃》《小马过河》3篇课文。单元中有古代寓言故事，有现代学生生活故事，有童话故事，以及"口语交际"中的《图书借阅公约》和"我爱阅读"中的《好天气和坏天气》。故事中不仅有人物，也有动物，而且每个故事都蕴含了深刻的道理。故事丰富的人文内涵，为"思辨性阅读与表达"学习任务群的设计提供了丰富的学习资源。

➡ 二、目标与评价

教学目标	评价要求
能主动随文识字，能分类整理新学的词语。	1. 能借助拼音正确认读生字，能自己读通句子。 2. 能按照故事中的情节，将课文中的生词进行归类。 3. 能围绕一个意思说出不同的词语，并积累。
能大胆地提出生活中遇到的问题，并对问题进行分类整理。	1. 能从生活中找到需要解决的问题，并与同学交流。 2. 能够将提出来的问题，按"生活""学习""交往"等角度进行分类。 3. 能够在班级的分享会上，清晰、准确地说出遇到的问题，并呼吁同学一起想办法解决。

教学目标	评价要求
能够以探究的态度理性分析故事中的问题，判断主人公做法的对与错，说明理由。	1. 能够认识并分析故事中所出现的问题，并判断主人公做法的对与错，说清楚理由。 2. 能够在具体的生活情境中，多角度思考，遇到问题能够找到不同的办法。 3. 能由果溯因地探究故事中的错误之处，能对做错事、说错话的人问个"为什么"，根据错误的结果讨论其中的原因。
能在真实的情境中，借助同学集体的智慧，找到解决问题的最佳办法，在实际中运用。	1. 联系自身的生活经验、学习经验，找到需要解决的共同的问题，与同学交流。 2. 能联系实际，提出不同的办法，与同学讨论后确定最合适的解决办法。 3. 能借助外界力量，即用寻求帮助、查阅资料等方法，完善解决办法，解决问题。

三、情境与任务

本单元的学习主题是"遇到问题怎么办"。简而言之，就是要大胆地提出遇到的问题，独立思考分析问题，并与他人一起讨论解决问题的办法；面对不同的问题要用不同的办法，找对办法才能解决问题，变换角度思考才能找到对的办法。

要教会学生发现问题，并找对解决的办法，可以从不同的角度创设不同的学习情境。

一是敢于发现问题。无论是生活还是学习，都会遇到很多问题，对于这些问题不仅要主动去发现，更要去观察和分析。以"我们遇到的问题"作为情境任务，激发学生的问题意识，通过提出问题、分类问题的活动，让学生学会独立思考、分析问题，善于发现，敢于分析。

二是分析解决问题的办法。遇到问题，懒人喜欢找借口；笨人只有死办法；

聪明人会想尽一切办法去解决。以"他们有什么办法"作为情境任务,观察、分析不同人解决问题的办法,在对比和交流中,做一个用正确办法解决问题的聪明人。

三是用办法解决问题。学到的知识与能力要在生活中运用。这一任务中需解决第一个任务中提出来的问题,先独立思考想办法,再集思广益找到最佳办法,通过想一想、议一议的方式,学会解决问题,学会合作共赢。

由此,我们围绕"遇到问题怎么办"这一学习主题设计了前后连贯的情境任务,建构了学习主题统领下的任务单元。

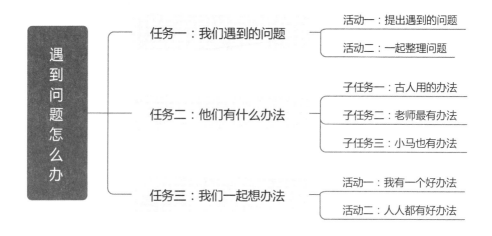

为了更好地完成三个学习任务,我们依据"用办法解决问题"的实践逻辑,将情境任务做了活动分解,设计了结构化的活动链。

任务一:我们遇到的问题。首先主动去发现生活与学习中的问题,与同学交流;再将这些问题进行归类整理。

任务二:他们有什么办法。首先分析寓言故事中的古人、生活故事中的同学、童话故事中的小马遇到问题分别用了什么办法;再通过讨论与交流,发现问题与办法之间的关联,得出找对办法才能解决问题的结论。最后通过对比,明白变换角度思考才能找到对的办法。

任务三:我们一起想办法。首先对一个真实的生活问题进行独立思考,想出一个办法与同学交流;随后集思广益,在交流中总结出一个最好的办法,用于解决真实问题。

三个学习任务围绕"遇到问题怎么办"这个学习主题层层递进,从"发现、分析、运用"三个层次去探究与实践;同一任务中的多项学习活动相互关联、逐层深化,从阅读到表达,从故事中的问题与办法,到生活中真实的问题与办法,带领学生在学习故事的过程中提升思辨性阅读与表达的能力。

━━━━━━━━━━━ ▶ **四、活动与建议** ━━━━━━━━━━━

(一) 活动设计

任务一　我们遇到的问题

　　学习情境:在生活中,我们总会遇到各种各样的问题和困难,生活中你会遇到哪些问题呢? 学习上你又会遇到哪些问题呢? 请你与同学交流,说一说你们遇到过的问题,做一位积极的问题分享者吧!

　　学习活动一:提出遇到的问题

　　1. 听故事。听老师讲绘本故事《爷爷一定有办法》,一边听一边思考:故事中的小约瑟遇到了哪些问题?

　　预设:(1)毯子又破又旧。(2)外套缩水变小。(3)背心粘了颜料。(4)领带变形了。(5)手帕破破烂烂。(6)纽扣不见了。是爷爷帮助约瑟解决了各种问题。

　　2. 列问题。生活中,我们也会像《爷爷一定有办法》中的小约瑟一样,遇到很多很多问题。请你想一想:你遇到过哪些问题?

　　(1)小组交流。请在小组内一起交流一下。

　　(2)全班交流。小组派一位代表来分享。

　　提示:提醒学生用简要的话说清遇到的问题是什么。

　　预设:我最喜爱的玩具被弟弟摔坏了。

　　　　　每次背拼音,我总是搞不清 b 和 d。

我种的小番茄怎么也结不出果子。

……

学习活动二：一起整理问题

1. 听一听。小朋友们提出了许多自己遇到过的问题。有其他小朋友也想和大家分享自己遇到的问题,听老师讲绘本故事《办法总比困难多》和《遇到困难我不怕》,故事中的小主人公栗子和兜兜分别遇到了什么问题?

预设:

栗子遇到的困难:穿外套时拉不上拉链、将衣服穿反、不会叠被子、不会使用筷子等。

兜兜遇到的困难:画画总是画不好。

2. 比一比。栗子和兜兜遇到的问题有什么不一样?

预设:栗子遇到的是生活中的问题;兜兜遇到的是学习中的问题。

3. 分分类。小朋友提的问题其实也可以分成两类,一类与你生活相关,一类与你学习相关,请你自己分分类,你提的问题属于哪一类?

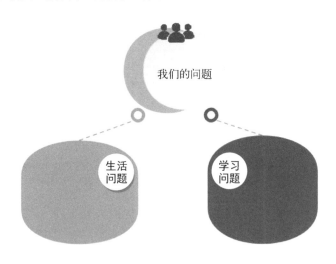

任务二　他们有什么办法

学习情境:在生活中,我们总会遇到各种各样的问题和困难,懒人总是找借口,笨人总用死办法,聪明人会想尽一切办法解决问题。读一读故事中的人和事,想一想,他们都遇到了什么问题,用了什么办法,做一位聪明的发现者吧!

子任务一:古人用的办法

学习活动一:讲一讲故事

1. 读一读。练习朗读《亡羊补牢》《揠苗助长》,要求把课文读正确、读流利。

要点:

(1)读好多音字:圈、钻;读好易读错字:坊、窟。

(2)读好长句:他巴望/自己田里的禾苗/长得快些,天天到田边去看。(注意停顿的地方)

2. 找一找:两个故事都是按照时间顺序讲的,请你读读故事,圈出故事中表示时间的词语。

提示:老师以《亡羊补牢》为例,指导学生圈出表示时间的词语——从前、一天早上、第二天早上、从此;再让学生自读课文《揠苗助长》,圈出表示时间的词语。

预设:古时候、一天、第二天。

3. 讲一讲。我们先来讲讲《亡羊补牢》的故事。怎么讲呢? 可以根据故事轴把故事讲清楚。谁来试着讲一讲?

提示:一天早上,发生了什么事情? 第二天早上,又发生了什么事情?

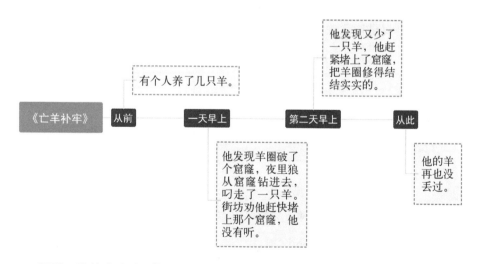

预设:从前有个人,养了几只羊。一天早上,他发现羊圈破了个窟窿,夜里狼从窟窿钻进去,叼走了一只羊。街坊劝他赶快堵上那个窟窿,他没有听。第二天早上,他发现又少了一只羊,他赶紧堵上了窟窿,把羊圈修得结结实实的。从此,他的羊再也没有丢过。

4. 讲一讲。我们再来讲讲《揠苗助长》的故事。我们可以利用"故事山"把故事讲清楚。谁来试着讲一讲?

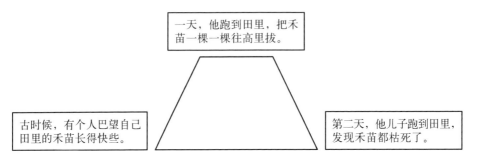

提示:抓住三个表示时间的词——古时候、一天、第二天;抓住人物做了什么事——巴望禾苗长得快些,把禾苗往高里拔。

预设:古时候,有个人巴望自己田里的禾苗长得快些。一天,他跑到田里,把禾苗一棵一棵往高里拔。第二天,他儿子跑到田里,发现禾苗都枯死了。

学习活动二:议一议对错

1. 找一找:读《亡羊补牢》《揠苗助长》,养羊人和种田人分别遇到了什么问题? 用了什么办法? 结果是什么?

(1) 请你自己读读故事,找找故事中问题、办法和结果。

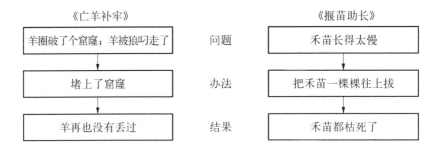

(2) 以"问题—办法—结果"的顺序用三句话再讲一讲故事。

提示:先小组练习,再全班交流。

预设:

《亡羊补牢》:羊圈破了个窟窿,狼从窟窿里钻进去,叼走了羊。养羊人堵上窟窿,把羊圈修得结结实实,结果羊再也没丢过。

《揠苗助长》:种田人觉得禾苗长得太慢,他把禾苗一棵一棵往上拔,结果禾苗都枯死了。

2. 辨一辨:养羊人和种田人做得对吗?

提示:要求学生说清楚判断的依据。

预设:

(1)牧羊人的做法"先错后对"。

错在不听人劝告。当问题出现后,街坊劝他把窟窿补上的时候,他并没有听,没有立即去补救。

后来补救了。当羊再次被狼叼走后,他开始后悔之前没有听街坊劝告,修补了窟窿,及时止损。

(2)种田人的做法是错误的。

错在违背了事物发展规律。种田人"把禾苗往上拔"这一行为违背了农作物生长的规律。农作物的生长,靠的是水分、阳光、养料、除草情况等多种因素,不能人为拔高。

错在急于求成。通过"把禾苗往上拔"让禾苗一下子长高,这一行为是急于求成的表现,农作物的生长需要时间,并非一朝一夕就能长成。

3. 从这两则寓言故事中,你得到什么启发? 可以用一句话来说一说。

从 _____ 的故事中, 我明白了

_____

_____ 。

提示：讲清楚故事中的道理、带来的启发。

预设：我从《揠苗助长》的故事中，明白了做任何事情都不能急于求成，要遵循事物发展规律。

我从《亡羊补牢》的故事中，明白了遇到问题要及时解决。

……

学习活动三：联系生活说事例

听故事，说一说故事中的他就像谁。

事例：小明平时上学不努力，每次单元练习都做得非常不理想，回家总会挨批评。好朋友小苏劝说小明，平时上课要认真听，回家及时巩固，学习就不会成为大问题，回家也就不会挨批评了。可是小明觉得只要考试前突击一下就没问题的，于是在单元练习的前一个晚上，他就拼命复习，一直到凌晨两三点。结果觉没睡好，人昏昏沉沉的，自然单元练习也没有做好。

提示：说清楚事例中的人与故事中的人的相似之处，以及错在哪里。

比如：我觉得小明像《亡羊补牢》中的牧羊人，不听同学的劝说，没有第一时间改变学习方法。

我觉得小明像《揠苗助长》中的种田人，违背了事物发展规律。学习靠的是日积月累而非突击。

子任务二：老师最有办法

学习活动一：读一读不同的语气

1. 找一找：读《画杨桃》中的人物对话，圈一圈带有情感色彩的标点符号。

提示：比如第三自然段和第八自然段的问号，又如第四自然段和第九自然段的叹号，再如第十三和第十五自然段的省略号等。

2. 读一读：根据这些特殊的标点符号，分角色读一读，读出人物的不同语气。

提示：老师先范读，学生再练读。

预设：

问号要读出疑问、好奇的语气。

叹号要读出肯定、干脆的语气。

破折号表示声音的延长。

尤其要注意省略号的语气，第十三自然段的省略号表示犹豫、吞吞吐吐的语气;第十五自然段的省略号表示断断续续的语气。

学习活动二：比一比不同的做法

1. 找问题：读一读课文，"我"、同学们和老师分别遇到了什么问题？

预设：

"我"看到的杨桃和平时不一样，像个五角星。

同学们认为"我"画的杨桃和平时的不一样，像个五角星。

老师举起"我"的画，同学们都笑话"我"把杨桃画成了五角星。

2. 找办法：面对问题，"我"、同学们和老师分别用了什么办法？

谁	遇到什么问题	怎么做的
我	看到的杨桃像个五角星。	认认真真看、老老实实画。
同学们	认为"我"把杨桃画成了五角星。	哈哈大笑、感到好笑、嘻嘻地笑。
老师	同学们笑话"我"把杨桃画成了五角星。	坐在"我"的座位上看，再让同学轮流坐在"我"的座位上看。

预设："我"认认真真地画，看到什么就画什么。

同学们认为"我"画的杨桃像五角星，笑话"我"。

老师在同学们笑话"我"画的杨桃像五角星时，让同学轮流坐在"我"的座位上看。

3. 议办法：在这些做法中，哪些是解决问题的好办法？

预设：

（1）认认真真看，老老实实画，这是实事求是的好办法。

（2）从不同角度去看，发现不同的样子，这是多角度看问题的好办法。

（3）让同学轮流坐在"我"的座位上观察，从其他人的角度看问题，才能找到解决问题的好办法。

学习活动三：试一试不同的角度

1. 阅读《好天气和坏天气》，想一想：老奶奶遇到了什么问题？老爷爷用了什么办法？

预设：老奶奶觉得无论下雨天还是大晴天都是坏天气。因为下雨天大儿子不能晒果脯,大晴天小儿子的雨伞卖不出去了。

老爷爷让老奶奶换一个角度思考:下雨天是好天气,因为小儿子的伞会大卖;大晴天也是好天气,因为大儿子可以晒果脯。

2. 听故事,想一想,主人公遇到了什么问题,猜一猜,他会用什么办法。

故事:《陈规卖鞋》

陈 规 卖 鞋

山村里流行一种怪病,人们无法用脚走路,只能跪着移动。久而久之,人们便习惯了。既然不用脚走路,也就没人穿过鞋子。

一次,村里有个人出远门,见识到了外面的世界,对人们穿的鞋子很好奇,就买了很多回村售卖。可是,除了一些好奇的人,根本没人买。为了不把货砸在手里,这个人只找到了陈规,让陈规想办法把鞋卖出去。陈规把全村有钱人家都跑遍了也没卖出几双。

……

预设:

问题:陈规有很多鞋子,可是怎么也卖不出去。

方法:(1) 去其他的村庄,卖给用脚走路的人。(2) 教村里的人走路。(3) 把鞋改造成另外一种工具,比如花盆等。(学生言之有理即可)

子任务三:小马也有办法

学习活动一:读读不同的"语气"

1. 根据"提示语"读人物语言。

(1) 练一练。课文第二自然段是老马和小马的对话,请同桌两人分角色练一练。

提示:要注意人物说话的提示语,读出人物的语气。

(2) 读一读。请一对同桌朗读第二自然段,请全体同学做朗读小评委,评价他们朗读得像不像老马和小马。

提示:学生只要能说出自己的看法即可。

要点:老马和小马的话要符合角色身份;抓住提示语中"连蹦带跳、高兴"等词语,能表现出老马和小马的心情;抓住问号,读出疑问语气。

(3) 根据上面的方法,读一读小马、老牛、松鼠的对话。同样,请关注描写人物说话的神态的词语,读出三个人物的语气。

要点:小马问老牛时焦急和吃惊;老牛回答得坦然;松鼠紧张。

学习活动二:说说过河的"办法"

1. 小马遇到了什么问题? 都用了哪些办法解决?

提示:写出小马想到的办法即可。

2. 讲故事。请你根据上面的流程图,讲一讲故事内容,注意讲清楚小马遇到的问题和用了哪些办法。

预设:小马帮妈妈驮麦子,被一条河挡住了去路;小马去问老牛,老牛说河水很浅,而松鼠说河水很深。小马又去问妈妈,妈妈让小马仔细想一想并自己试一试。最终小马蹚过了河。

3. 想一想,小马从遇到问题,到最后解决问题,其实用了很多办法,试着概括小马过河的经验:

既要_____,也要_____,还要_____。

预设:既要请教他人,也要自己思考,还要亲身试一试。(三方面,言之有理即可)

任务三　我们一起想办法

学习情境:我们班级现在有两大问题筐,一筐都是生活问题,一筐都是学习问题,找到一个大家急需解决的问题,一起想办法,做一位智慧的解决者吧!

学习活动一:我有一个好办法

1. 聚焦问题:班级的图书角马上要开启了,现在需要一份"图书借阅公约",确保借书有序。请同学们想一想平时借阅时会遇到哪些问题。

预设:比如如何爱护图书;怎样借阅;如何保证书籍流通顺利,让大家都能借到书……

2. 找到办法:请每个小组负责一个问题,把解决的办法写下来。

预设：问题是如何保证书籍顺利流通。办法是既要确保图书达到一定数量，又要规定借阅的最长期限等。

3. 交流办法：在班级中交流，并把可行的办法记录下来，放在"图书借阅公约"中，并完成下面的图表。

我们解决的问题：

我们的办法：

学习活动二：人人都有好办法

1. 把借阅公约给老师、家长过目，寻求老师和家长的意见。

2. 询问图书馆管理员如何更加有序有效地管理，并完善这一份公约。

图书借阅公约

（二）教学建议

1. 语言文字积累与梳理。思辨性阅读与表达是核心，但是语言文字的积累与梳理是基础学习任务。（1）字词教学要扎实。例如《寓言二则》中的词语，可以根据中心意思进行归类，比如表示"急"的词语，有着急、急忙、匆忙等，还有短语，如急得直跺脚、急得团团转等。可引导学生通过组词、说短语，丰富词汇量。（2）课文朗读要熟练。《画杨桃》和《小马过河》篇幅都较长，出现了多处对话，应学会借助提示语、动词、标点等，要把故事读熟、读好、读生动。（3）日积月累，熟读成诵。

2. 课时安排建议。"语言文字积累与梳理"3 课时,"任务一:我们遇到的问题"2 课时,"任务二:他们有什么办法"3 课时,"任务三:我们一起想办法"2 课时。

3. 学习策略。

(1) 问题聚焦策略。思辨性阅读的关键在于分析问题,应聚焦学生感兴趣且迫切要解决的问题,提升思维能力。《小马过河》中小马遇到问题分别用了四种办法去解决,将学生的思维聚焦在"问题"与"办法"上,通过比较发现解决问题的最佳的路径。

(2) 句式导向策略。当学生学完故事,要说一说故事带来的启示的时候,很难将内容说清楚,这时候可以教学生借助句式来表达。比如用"既要……也要……还要……"的句式,把遇到问题后的三种解决问题的思路讲清楚,也能从更多的角度去思考。提供句式,是给学生学习的支架,也是给学生更多思考的空间与方向。

(3) 生活化解读策略。无论是寓言还是童话故事都是虚构的,学生对办法的理解想要真正化为其做人做事的指南,就得将学到的办法迁移到生活中,作生活化解读。让学生在生活中找一找和故事中相似的问题与办法,从生活实际出发,作出自己的分析与是非判断,这可以有力地培养学生的批判性思维和求真精神。

(4) 阶梯式学习策略。有挑战性的学习就如同登山,一步一个台阶,能激发学生学习的动力。比如在讲述故事的过程中,从把故事讲完整,到把故事讲简洁,再到用一个词语概括故事,由易到难,从用简单句式讲到用一句话概括,思维要求逐渐提高。

⏵ 五、练习与测评

(一) 单元练习

1. 根据例子,写一写。

（1）例：该—讠→刂—刻   刻画

疲—_____→_____—_____（   ）

说—_____→_____—_____（   ）

（2）例：报（报告）→捉（捉虫）

愿（   ）→_____（   ）

牢（   ）→_____（   ）

（3）例：小马连蹦带跳地跑到妈妈面前。

① 小马（   ）地说："一条河挡住了去路，我……我过不去。"

② 他在田边（   ）地转来转去。

③ 小刚（   ）地跑回了家。

④ 老师（   ）地说："敢于承认错误就是好孩子。"

2. 选一选，把句子中画"_____"的部分换成成语。

（1）丁丁自己对自己说："要是有个朋友陪我一起上学多好啊！"

（   ）

（2）小力才三岁就报了五种课外班，这真是拔起禾苗帮他长啊。

（   ）

（3）我们用了三个小时才爬到山顶，累得一点儿力气也没有了。

（   ）

（二）单元测评

1. 连一连，让故事和启示对应起来。

《亡羊补牢》　　　　　遇到问题不能急于求成

《揠苗助长》　　　　　遇到问题要及时补救

《画杨桃》　　　　　　遇到问题可以找不同的人寻求办法，更要自己
　　　　　　　　　　　试一试

《小马过河》　　　　　遇到问题要学会从多角度思考

2. 读一读《老马识途》，完成练习。

（1）填一填，根据故事内容填写表格。

故事	遇到的问题	想到的办法	结果
《老马识途》			

（2）讲一讲，与同学合作讲故事，一位同学讲遇到的困难，一位同学讲找到的解决办法。

第五讲　不一样的学校

——统编教材三年级上册第一单元"思辨性阅读与表达"
学习任务群设计

（一）主题的确立

统编教材三年级上册第一单元编排了《大青树下的小学》《花的学校》《不懂就要问》三篇课文。我们根据本单元"校园生活"这一人文主题，设计了"不一样的学校"这一学习主题。

一是从生活角度来看，刚刚升入三年级的学生已经在小学度过了两年，校园已经是他们再熟悉不过的生活场景。但是本单元展示了边疆小学的校园生活、想象中的校园生活以及旧式学校的校园生活，向学生呈现了三种新颖独特的校园生活。在阅读这三篇文本时，学生自然会将其与自己的学校生活进行对比，从而产生思考，发现不同，进而丰富对学校生活的认识。

二是从学科角度来看，认识不一样的学校是一种思辨性阅读。通过阅读、比较，发现三种与自己生活经验不相同的学校生活，再通过推断、质疑、讨论等方式，思考"不一样"背后的原因，如：地理环境、时代背景、思维方式等。在阅读中学会梳理观点、事实与材料及其关系，形成辨别是非、善恶、美丑的能力，提升理性思维与理性精神。

三是从学习角度来看，发现一样中的不一样可锻炼类比思维。将文本中带有陌生感、新鲜感的句子与学生熟悉的、常规的句子进行类比，可以让他们在类比中感受到文学性表达的遣词之美、想象之美。将课文中不同学校的样子与学生熟悉的校园生活进行类比，他们会提出各种各样的问题，将过去的经验和现在的认知相融合,通过联系、比较、辨析、思考,真正有效地促进学生思维与言语品质的提升。

(二)内容的归属

《义务教育语文课程标准(2022年版)》中第二学段的"思辨性阅读与表达"学习任务群包括三个方面的学习内容,其中一个内容是学会辨析、质疑、提问等方法:"在日常学习和生活中,主动记录、整理、交流自己发现的问题和思考,学习辨析、质疑、提问等办法。"这项学习内容旨在培养学生在日常学习生活中辩证地思考问题,能够有理有据、负责任地表达自己的观点,养成实事求是、崇尚真知的态度。

三年级上册第一单元选编了展示不同学校的学习生活的课文,为建构"思辨性阅读与表达"学习任务群提供了丰富的学习资源。因此,我们对本单元以"思辨性阅读与表达"学习任务群组织教学。

(三)内容的组织

本单元的三篇课文以不同的体裁多角度描述了校园生活,《大青树下的小学》是一篇抒情散文,描写了边疆地区小学欢乐祥和的校园生活;《花的学校》是一首富有童趣的散文诗,以儿童的视角描写了活泼天真、渴望自由的花孩子;《不懂就要问》是一篇记叙文,讲述了孙中山在私塾读书时勇敢向先生提问的故事。可见,前两篇课文通过描写学校的美好来培养学生对学校的喜爱之情,第三篇课文借名人在上学时发生的故事,加深学生对学校学习的认识。这些内容为"思辨性阅读与表达"学习任务群的设计提供了丰富的学习资源。

---------- ▶ 二、目标与评价 ----------

教学目标	评价要求
能主动发现课文中具有新鲜感的词句,乐于积累这些词句,并尝试运用。	1. 能发现课文中具有新鲜感的词句,了解"私塾、戒尺"等词语的意思,并乐于积累这些词句。 2. 能够尝试运用排比、拟人的手法来描述自己的学校生活。

教学目标	评价要求
能在具体的文本学习中,借助列提纲、画思维导图等方式,运用类比思维与归纳思维,发现不一样的学校生活,提升思维的深刻性、灵活性。	1. 能熟读单元中的三篇课文,把握课文内容。 2. 借助思维导图,说出课文中的学校与自己学校的不一样之处。 3. 能够借助查阅资料、联系生活等方式,运用类比、归纳等办法,发现学校生活不一样的原因。
能够以探究的态度理性分析课文要告诉我们的道理,通过比较、联结、质疑及联系生活等方式,增强思考和辨析的能力。	1. 能够通过阅读,比较发现边疆地区的学校生活虽然与我们的学校生活有诸多不同,但同学的团结、快乐、爱学习、爱老师、爱祖国的心是一样的。 2. 能够借助课外补充资料,运用联结思维,发现泰戈尔写《花的学校》的意图。 3. 能够通过质疑、提问等方式明白"不懂就要问"的道理。
能在真实的学习情境中,主动记录、整理、交流自己发现的问题和思考,学习辨析、质疑、提问等办法,养成实事求是、崇尚真知的态度。	1. 能联系自身的生活经验发现自己学校生活的独特之处,用有新鲜感的句子介绍自己的校园和同学。 2. 能从自己的学习生活中发现问题、记录问题,并尝试解决问题,编写一本"问题集"。

▷ 三、情境与任务

本单元的学习主题是"不一样的学校"。我们围绕"不一样的学校",设计了三个前后连贯的情境任务,建构了学习主题统领下的任务单元。

为了更好地完成三个学习任务,我们将情境任务作了活动分解,设计了结构化的活动链。

任务一:了解不一样的学校。读课文,发现课文分别向我们展示了三种不同的学校:边疆地区学校、想象中的学校、旧式的学校。考察三所不一样的学校,发现三所学校的不同之处,与作者对话,发现三所学校不一样的原因。

任务二：发现不一样的表达。阅读比较，发现作者用了不一样的表达来说明同样的意思，体会课文"有新鲜感的表达"。

任务三：说说我自己的学校。用独特的眼光发现自己校园生活的不一样之处，用上"不一样的表达"向大家介绍自己的校园，在"猜一猜"的游戏中介绍自己的同学。

三个学习任务围绕"不一样的学校"这个学习主题层层递进，从"发现、比较、运用"三个层次去探究与发现独特的学校生活；同一任务中的多项学习活动相互关联、逐层深化，从阅读到表达，从发现到理解，再到运用，带领学生在学校生活这一主题中提升思辨性阅读与表达的能力。

------------------------------ ➡ 四、活动与建议 ------------------------------

（一）活动设计

任务一　了解不一样的学校

学习情境：世界是奇妙的，两片叶子似乎一模一样，可只要仔细观察，就能发现它们的不一样之处;学校与学校似乎也是相同的,可只要一比较,也能发现它们是不一样的。读读三篇课文,了解三所学校,发现它们的不同。

学习活动一:不一样的边疆学校

1. 读一读。读熟课文,借助拼音,把课文读正确、读流利。

提示:

(1)易错字:坝、傣、颇;后鼻音的字:扬、凤、绒、装、静、停。

(2)难读的句段:

① 早晨,从/山坡上,从/坪坝里,从/一条条/开着绒球花和太阳花的/小路上,走来了/许多小学生,有/汉族的,有/傣族的,有/景颇族的,还有/阿昌族和德昂族的。

② 同学们/向/在校园里欢唱的小鸟/打招呼,向/敬爱的老师/问好,向/高高飘扬的国旗/敬礼。

2. 找一找。了解边疆的学校,找一找边疆学校与我们的校园不一样的地方。

(1)发现不一样的地方,圈出陌生的词语。

(2)交流不一样的地方,将词语进行归类。

不一样的边疆学校

环境不一样	同学不一样	活动不一样
山坡上　坪坝里 绒球花　太阳花 大青树　凤尾竹 铜　钟　猴　子 松鼠	汉族　傣族 景颇族　阿昌族 德昂族	跳孔雀舞 摔跤

提示:借助课文插图,了解"绒球花、大青树、凤尾竹"等词语的意思;借助课后插图,简单介绍不同民族的特点;借助补充图片,了解"孔雀舞、摔跤"等活动。

3. 说一说。用上积累的词语,说一说边疆学校的特别之处。

(1)大青树下的小学,同学很特别:有的是⋯⋯

（2）大青树下的小学，环境很特别：那里有……

（3）大青树下的小学，活动很特别：他们会……

学习活动二：不一样的花的学校

1. 读一读。读熟课文，借助拼音，把课文读正确、读流利。

要点：

（1）多音字：假；轻声的字："衣裳"的"裳"读轻声。

（2）难读的句段：

① 于是，一群一群的花/从无人知道的地方/突然跑出来，在绿草上跳舞，狂欢。

② 你没有看见他们怎样地急着要到那儿去吗？你不知道他们为什么那样急急忙忙吗？

提示：课文中的长句要注意停顿，读流畅；课文中的问句要注意句末语调要上升。

2. 找一找。考察花的学校，找一找花的学校与我们的校园不一样的地方。

（1）发现不一样的地方，圈出陌生的词语。

（2）交流不一样的地方，将词语进行归类。

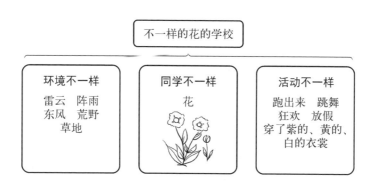

不一样的花的学校

环境不一样	同学不一样	活动不一样
雷云　阵雨 东风　荒野 草地	花	跑出来　跳舞 狂欢　放假 穿了紫的、黄的、 白的衣裳

提示：理解"荒野"的意思——荒凉空旷而人迹罕至的野外。

3. 说一说。根据不一样的地方，用上积累的词语，说一说花的学校的特别之处。

提示：

（1）花的学校的同学很特别：……

（2）花的学校的环境不一样：……

（3）花的学校的活动不一样：……

学习活动三：不一样的旧式学校。

1. 找一找。了解私塾，发现旧式学校与现代学校不一样的地方。

（1）默读课文，发现不一样的地方，圈出新鲜的词句。

（2）交流新鲜的词句，归类梳理。

```
          ┌──────────────┐
          │  不一样的旧式学校  │
          └──────────────┘
   ┌──────────┬──────────────┐
┌──────────┐ ┌──────────────┐ ┌──────────────┐
│环境不一样  │ │老师不一样      │ │活动不一样       │
│          │ │              │ │              │
│私塾      │ │读的内容老师不讲。│ │先生念，学生跟着念。 │
│          │ │会用戒尺惩罚学生。│ │学生读熟了，先生就让学│
│          │ │              │ │生背诵。        │
│          │ │              │ │书里的意思，先生从来不│
│          │ │              │ │讲。           │
└──────────┘ └──────────────┘ └──────────────┘
```

预设：

（1）环境不一样：学生在私塾学习。

（2）老师不一样：读的内容老师不讲，还会用戒尺惩罚学生。

（3）活动不一样：先生念，学生跟着念；学生读熟了，先生就让学生背诵；书里的意思，先生从来不讲。

提示：借助工具书了解词语的意思。

私塾：旧时私人所办的学校，一般只有一个教师，没有一定的教材与学习年限。

2. 说一说。根据不一样的地方，用上积累的词语，说一说旧式学校的特别之处。

学习活动四：人物面对面

1. 对话泰戈尔。

（1）花的学校是作者看到的还是想到的？

预设：是作者想到的。作者说："妈妈，我真的觉得那些花朵是在地下的学校里上学。""你可知道,妈妈,他们的家是在天上,在星星住的地方。"从两次与妈妈的对话中,可以发现这是作者的想象。

(2) 作者喜欢这所学校里的花孩子吗?

预设:喜欢。虽然也要做功课,虽然也要挨罚,但是一放学就能自由快乐地玩;花孩子的学校生活,就是作者理想中的学校生活。

补充资料阅读:

泰戈尔内心深处渴望亲近大自然,渴望自由,渴望阳光。他时常想象孩提时的自己就像一朵小花,和小伙伴们一起在风里自由地奔跑。这是多么惬意。

2. 对话孙中山。

(1) 读一读,比一比。默读课文,说说孙中山读书和其他同学读书有什么不一样?

预设:其他同学读书是"读、背",孙中山除了"读"与"背"之外,还会"想"、会"问"。

一样的身份,不一样的选择

孙中山与其他同学的读书方式有什么不同?

不同的读书方式	其他同学:读、背	学问学问,
	孙中山:读、背、_____、_____	不懂就要问

---

(2) 演一演。学生扮演孙中山,教师扮演其他学生。

学生向孙中山提问:

先生叫我们背熟就算完成功课了,你为什么还要提问呢?

你这样提问,就不怕先生用戒尺责罚吗?

书中的道理,我们长大了自然会知道,为什么要现在弄清楚呢?

所有的先生都是这样教的,你为什么要反对呢?

(3) 议一议。阅读补充资料,小组合作讨论:孙中山的读书方法对你有什么启发?

预设：孙中山善于思考，拥有敢于质疑的精神；孙中山正是因为有这样的精神，才成了中国民主革命的伟大先行者。我们学习也要像孙中山一样，要学会思考，要拥有敢于质疑的精神，"不懂就要问"，真正成为学习的主人。

任务二　发现不一样的表达

学习情境：语言是奇妙的，同样一个意思，换一种不一样的方式来表达，读上去的滋味就会完全不同。找找课文中让人感到新鲜的词句，用心读读，你会发现作家语言的秘密。

学习活动一：会排队的句子

1. 读句子作比较。

● 早晨，从各个地方走来了许多小学生，来自多个民族。

● 早晨，从山坡上，从坪坝里，从一条条开着绒球花和太阳花的小路上，走来了许多小学生，有汉族的，有傣族的，有景颇族的，还有阿昌族和德昂族的。

（1）比一比：两个句子有什么不一样？

预设：第2句长短结合、一节节的，好像排着队，还写了具体例子。

（2）比一比：你更喜欢读哪一句？

预设：喜欢第2句。第2句写得更具体，而且这样长短结合的句子读起来更有节奏感，让人感受到边疆小学里不同民族的同学一起学习生活，团结快乐。

2. 再读句子作比较。

● 这时候，窗外十分安静，树枝不摇了，鸟儿不叫了，蝴蝶不飞了。

● 这时候，窗外十分安静，树枝不摇了，鸟儿不叫了，蝴蝶停在花朵上，好像都在听同学们读课文。

（1）比一比：两个句子有什么不一样？

预设：句子中的语言可以有所变化。

（2）比一比：你更喜欢哪个句子？

预设：喜欢第2句。这句把蝴蝶"不飞了"说成是"停在花朵上，好像都在听同学们读课文",是把蝴蝶当作人来写,衬托出了环境的安静和同学们读书的声音好听、学习专心。

3. 读课文来找句子。

(1)课文中还有这样排着队的句子吗?

预设:同学们向在校园里欢唱的小鸟打招呼,向敬爱的老师问好,向高高飘扬的国旗敬礼。

(2)读这些句子你感受到了什么?

预设:感受到了同学们的心情都是快乐的,他们尊敬老师,热爱祖国。

4. 写写排队的句子。

(1)我们学校有很多的活动场所。

(2)下课了,我们在校园的各个地方做游戏。

预设:

(1)我的学校有很多的活动场所:高大的教学楼,宽阔的操场,绿色的草坪……

(2)下课了,我们在教学楼前丢沙包,在操场上赛跑,在大树下跳皮筋,在花坛边观察蜗牛背着重重的壳慢慢爬行……

学习活动二:拟人化的句子

1. 比一比:同样的意思,作者的写法有什么不一样?

● 六月里,打雷了,下阵雨了,东风呼呼地吹着。

● 当雷云在天上轰响,六月的阵雨落下的时候,湿润的东风走过荒野,在竹林中吹着口笛。

预设:作者把原本用来写人的词语,用在了没有生命的事物身上,把这些事物写活了。这样的句子就是拟人句。

2. 找一找:课文里还有其他拟人的句子吗?

预设:于是,一群一群的花从无人知道的地方突然跑出来,在绿草上跳舞,狂欢。

树枝在林中互相碰触着,绿叶在狂风里簌簌地响,雷云拍着大手。这时,花孩子们便穿了紫的、黄的、白的衣裳,冲了出来。

我自然能够猜得出他们是对谁扬起双臂来,他们也有他们的妈妈,就像我有自己的妈妈一样。

3. 写一写：同样的意思，你能写出不一样的句子吗？

例句：雨一来，他们便放假了。

提示：用上拟人的写法。

我会写"拟人化"的句子

例句：雨一来，他们便放假了。

(1) 清风一吹，他们＿＿＿＿＿＿＿＿＿＿。

(2) 蝴蝶一来，他们＿＿＿＿＿＿＿＿＿。

(3) 太阳一下山，他们＿＿＿＿＿＿＿＿。

学习活动三：反复写的句子

1. 议一议。

出示：学问学问，不懂就要问。

(1) 这个说法你赞成吗？用自己的例子来说一说。

预设：赞成。我们在学校读书，既要学习知识，也要学会提问。发现问题，解决问题才能得到进步。

(2) 为什么这样讲道理能让人一下子就记住了呢？

预设：因为作者用了反复的手法，并且拆词分析。

2. 说一说。请你也尝试用这样的手法，来说一句富有道理的句子。

出示：

我会写"反复写"的句子

例句：学问学问，不懂就要问。

(1) 先生先生，＿＿＿＿＿＿＿＿＿＿。

(2) 同学同学，＿＿＿＿＿＿＿＿＿＿。

(3) ＿＿＿＿＿＿＿＿＿＿＿＿。

预设：先生先生，先做学生，才能成为先生。

同学同学，一同学习，一同进步。

任务三　说说我自己的学校

学习情境：你能像作者一样，看到同类事物的不同之处吗？你能像作者一样把平常的事物写得新鲜吗？试试向其他同学介绍自己的学校。

学习活动一：这是我的校园

1. 我们的学校有哪些地方跟他们不一样？

预设：

环境不一样：我们学校里有红色的塑胶跑道、青青菜园、亭子、塑像、水池、石榴树……

活动不一样：我们的活动是打水仗、滚轮胎、玩风车、过丰收节……

2. 选择其中一个方面来写，用下面的句式，写出我们学校的不同之处哦！

我们的学校在一条小弄堂里，校园里有＿＿＿＿＿＿，有＿＿＿＿＿＿，还有＿＿＿＿＿＿……

上课的时候，同学们在教室里＿＿＿＿＿＿＿＿＿。有的＿＿＿＿＿＿＿＿＿，有的＿＿＿＿＿＿＿＿＿，还有的＿＿＿＿＿＿＿＿＿……

下课了，同学们在操场上＿＿＿＿＿＿＿＿＿。有的＿＿＿＿＿＿＿＿＿，有的＿＿＿＿＿＿＿＿＿，还有的＿＿＿＿＿＿＿＿＿……

学习活动二：这是我的同学

1. 猜一猜。老师逐句介绍人物的特征，让学生猜出他的名字。

2. 想一想。如果请你向大家介绍一位同学，你最想介绍谁？

3. 练一练。选择一位自己熟悉的、特点鲜明的同学，用不一样的表达描述他的特点。

提示：可以介绍同学的性别、外貌、性格、习惯、爱好等。

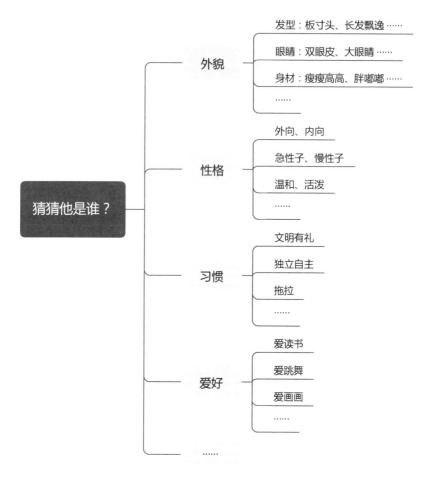

猜猜他是谁？

外貌
- 发型：板寸头、长发飘逸……
- 眼睛：双眼皮、大眼睛……
- 身材：瘦瘦高高、胖嘟嘟……
- ……

性格
- 外向、内向
- 急性子、慢性子
- 温和、活泼
- ……

习惯
- 文明有礼
- 独立自主
- 拖拉
- ……

爱好
- 爱读书
- 爱跳舞
- 爱画画
- ……

……

4. 做一做。全班合作完成一份"班级同学谱"。将每个人的画像张贴在班级墙报上，一起猜一猜。

班级同学谱

猜猜他是谁？把你的猜想写在下面的空白处。

（二）教学建议

1. 语言文字积累与梳理。思辨性阅读与表达是核心,但语言文字积累与梳理是每个单元的基础学习任务。（1）积累文中有新鲜感的词语,一类是对于学生日常生活来讲的陌生词汇,如少数民族的名称"傣族、景颇族、阿昌族、德昂族",不常见的事物"坪坝、绒球花、铜钟、凤尾竹、大青树、私塾、戒尺";一类是文中独特的表达,如"花儿跳舞、狂欢、冲了出来"这类拟人化的表达。（2）积累特殊的句式,一类是"从……从……从……""有……有……有……"这样的排比句式,一类是"当雷云在天上轰响,六月的阵雨落下的时候,湿润的东风走过荒野,在竹林中吹着口笛"这样的拟人化的表达。

2. 课时安排建议。"任务一:了解不一样的学校"4课时,"任务二:发现不一样的表达"3课时,"任务三:说说我自己的学校"2课时。

3. 学习策略。

（1）图像化策略。图像化是将课文内容用结构图的方式直观呈现的学习策略,有助于学生把握课文内容的关键之处,为比较发现不同提供支架。我们采用了思维导图梳理课文内容,让学生一目了然地发现"不一样的学校生活",并借助思维导图积累有新鲜感的词句。

（2）句式导向策略。学生积累具有新鲜感的词句后,可以尝试运用这些词句来描述自己的学校生活。教给学生"借助句式尝试进行新鲜化表达"的表达策略。引导学生用"从……从……从……"等排比句式以及拟人写法来表达。不同的句式,对于三年级学生而言,是不可或缺的学习支架。

（3）生活化解读策略。故事不能仅仅停留在读的层面,而是要将故事中明白的道理迁移到生活中,作生活化解读。引导学生要用辨析的眼光发现生活中的不一样,更要用质疑、提问等办法发现学习生活中的问题,不断思考,养成实事求是、崇尚真知的态度,从而培养学生的批判性思维和求真精神。

（一）单元练习

1. 看拼音,写汉字。

（1）多么美好的 zǎo chen（　　　）啊！鲜 yàn（　　　）的花儿迎着火红的太阳盛开,美丽的小鸟唱着动听的歌儿,从学校里传来孩子们的阵阵 dú shū（　　　）声。

（2）我的小妹妹真是多才多艺,既会吹 dí zi（　　　）,又会 tiào wǔ（　　　）。

2. 给加粗的字选择正确的读音,用"√"标出。

摇**晃**（huàng huǎng）　　　**降**落（xiáng jiàng）　　　**挨**骂（āi ái）

放**假**（jiǎ jià）　　　**背**诵（bēi bèi）　　　爱**好**（hào hǎo）

3. 在括号里写出表示动作的词语。

例:（打）招呼　　　（　　　）孔雀舞

（　　　）游戏　　　（　　　）热闹

（二）单元测评

1. 连一连。

《大青树下的小学》　　　　乐于思考,敢于提问

《花的学校》　　　　　　　美好童心,伟大母爱

《不懂就要问》　　　　　　民族团结,生活美好

2. 品读句子,完成练习。

A. 湿润的东风走过荒野,在竹林中吹着口笛。

B. 树枝在林中互相碰触着,绿叶在狂风里簌簌地响,雷云拍着大手。

（1）这两句话都运用了_____的修辞手法。

（2）照样子,在横线上补充表示人的动作、神态的短语,让句子更有情趣。

① 微风吹拂,教学楼旁的翠竹_____。

② 夜空中的小星星_____。

3. 在这个单元的语文学习中,你发现了什么问题? 你尝试用什么方法去解决它呢? 请把问题和你尝试的方法写在下面的横线上。

问题: _____

方法: _____

第六讲　小故事大道理

——统编教材三年级下册第二单元"思辨性阅读与表达"学习任务群设计

➡ 一、主题与内容

（一）主题的确立

统编教材三年级下册第二单元为寓言单元。我们根据寓言的文体特点，设计了"小故事大道理"这一学习主题。

一是从生活角度来看，用故事讲道理是一种道德性活动。寓言是用小故事讲大道理的，大多具有规劝、讽喻的作用，常常不直接明说道理，而让听故事的人自己去揣摩，自己去领悟该如何做人做事，这是一种生活的智慧。诚如严文井所说："寓言是一座奇特的桥梁，通过它，可以从复杂走向简单，又可以从单纯走向丰富。在这座桥梁上来回走几遍，我们既看到五光十色的生活现象，又发现了生活的内在意义。"

二是从学科角度来看，从小故事中看大道理是一种思辨性阅读。寓言源自生活又高于生活，对生活中的"傻人""傻事"作了夸张处理，在反常、矛盾及荒诞中偷偷埋下思考的种子，故事情节简单明了，但是却意味深长。寓言是文学性作品，却需要思辨性阅读，需要读者从可笑处入手，进行逆向推断，思考故事中的人物"傻"在何处、"蠢"的根源，进而由人及己，养成自我反思的习惯。

三是从学习角度来看，从故事中读懂道理需要类比性思维。寓言具有"比喻性"，小故事是"喻体"，生动、有趣、形象；大道理是"本体"，深刻、严肃、抽象。学习寓言，就是要找准小故事与大道理之间的"相似点"，运用类比思维，领会其中的道理。对一些寓意深刻的寓言，还要借助从"特殊"到"一般"的归纳思维，推理出更具普遍意义的人生哲理。学习寓言，锤炼的不仅仅是形象思维，更考验学生的逻辑思维,尤其是推理能力。

(二) 内容的归属

《义务教育语文课程标准(2022年版)》中第二学段的"思辨性阅读与表达"学习任务群包括三个方面的学习内容,其中一项内容是读出故事中的道理:"阅读解决生活问题的故事,尤其是中华智慧故事,结合自己在生活中遇到的问题学习思考的方法,尝试运用列提纲、画思维导图等方式,表达故事中的道理。"这个学习内容旨在通过列提纲、画思维图等方式,把握"事"与"理"的关系,准确表达故事中的道理,提高逻辑思维能力,培养深刻、灵活的思维。

三年级下册第二单元选编了一系列生动有趣的故事类文本,为建构"思辨性阅读与表达"学习任务群提供了丰富的学习资源。因此,本单元以"思辨性阅读与表达"学习任务群组织教学。

(三) 内容的组织

统编教材三年级下册第二单元编排的是寓言,选编了古今中外的多个寓言故事。其中包括中国古代寓言故事《守株待兔》、中国现代寓言故事《陶罐和铁罐》、外国寓言故事《鹿角和鹿腿》和寓言诗《池子与河流》;课后的"阅读链接"中选编了《南辕北辙》《北风和太阳》两篇中外寓言,"快乐读书吧"中还选入了中国古代寓言《叶公好龙》。这些故事为"思辨性阅读与表达"学习任务群的设计提供了丰富的学习资源。

----------------➡️ 二、目标与评价 ----------------

教学目标	评价要求
能以探究的态度对待书本中的"傻人"、生活中"傻事",善于从自己或他人的错误中吸取教训,保持积极理性的生活心态,乐于用小故事与人分享大道理。	1. 能认识并分析日常生活中的"傻人""傻事",并说清楚"傻"在哪里。 2. 能够在具体的生活情境中选用寓言委婉含蓄地劝诫别人。 3. 能把自己做过的"傻事"记录下来,并写下自己的反思和感悟,和同学一起分享,共同编写一本班级"省事录"。

教学目标	评价要求
能在具体的故事学习中，借助列提纲、画思维导图等方式，运用类比思维与归纳思维，把握"事"与"理"的关系，提升思维的深刻性、灵活性与批判性。	能熟读单元中的7个寓言故事，绘制"故事山"或"情节轴"，把握故事内容。
能根据寓言"故事小道理大"的特点，学会抓"反常处""可笑点"，通过类比、推理及联系生活等方式，理解做人做事的道理，提高解读能力。	1. 能借助"故事山"说出"错"在哪里，与同学一起讨论、分析错误的原因，用"要……不要……"的句式概括故事的道理。 2. 能借助"情节轴"比较人或事的前后变化，与同学一起讨论、分析变化的原因，用简练的语句准确地表达其中的道理。
能在真实的学习情境中，借助"故事山""情节轴"等工具，讲好寓言故事，并能将其中的道理讲透彻、说准确，提升表达的准确性与逻辑性。	1. 能联系自身的生活经验从不同角度对故事作出不同的解读，与同学分享自己的启发。 2. 能联系当今世界与现实生活，与同学讨论老故事中的新思考，批判性地解读寓言，学会做人做事的新道理。 3. 能借助"故事山""情节轴"，完整流利地讲述7个寓言。

三、情境与任务

"小故事大道理"学习主题的关键词是"故事"和"道理"，从故事中读出道理。紧扣"由事及理"，可以从不同角度创设不同的学习情境。一是会讲故事的人。中国最早讲寓言故事的人，是战国时期的庄子、韩非子等诸子百家；外国善于讲寓言故事的人，有古希腊的伊索、俄国的克雷洛夫、法国的拉封丹和德国的莱辛等。这些会讲故事的人，把经典的寓言传给了我们。以"故事会·从古讲到今"作为情境任务，组织学生读寓言、讲寓言，做一个会讲故事的人。二是会听故事的人。不会听寓言的人，只用耳朵听故事，笑话故事里的傻子做傻事，却不知道别人笑话的其实是自己。会听寓言的人，能用脑袋思考故事，笑过之后能学会别人的智慧,变成聪明人。以"议事厅·从故事中学做人学做事"作为情境任务,交流与分享从故事中读到的道理,在碰撞中产生更多的思想与智慧,学会做人,学会做事。三是会用故事的人。寓言是一面镜子,可以照出自己的灵魂。会用寓言当镜子的人,可以从中看清自己的长处与不足,照出自己的私心与杂念,进行反思并改正,明明白白做事,堂堂正正做人。以"思过堂·从'镜子'里看自己"为情境任务,让每个人都能在"小故事"中获得精神力量,在反思中得到成长。由此,我们围绕"小故事大道理"学习主题,设计了三个前后连贯的情境任务,建构了学习主题统领下的任务单元(见下图)。

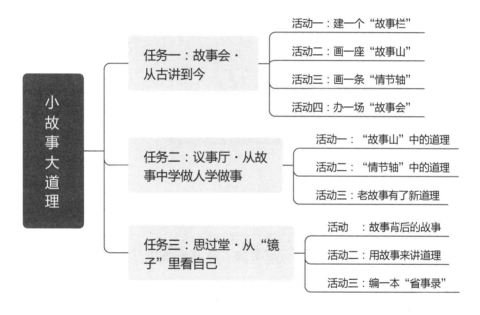

为了更好地完成三个学习任务,我们依据"教人做事"的实践逻辑,将情境任务作了活动分解,设计了结构化的活动链。

任务一:故事会·从古讲到今。先了解古今中外那些会讲故事的人,列出那些听不厌、讲不烂的经典寓言;然后选择课文中的寓言,读熟讲好;最后举办一场故事会,分享你的寓言故事,养成爱读寓言、会讲寓言的好习惯。

任务二:议事厅·从故事中学做人学做事。先借助"故事山"或者"故事轴",梳理故事情节,发现那些"傻人""傻事"的"反常之处""可笑之处";然后通过大家的讨论、交流,发现隐藏在故事里的道理;最后联系现代生活,对老故事赋予新的寓意。

任务三:思过堂·从"镜子"里看自己。先从寓言出发反思自己,从寓言中发现自己的不足与缺点;然后用寓言去规劝生活中类似的"傻子",做一个明白人;最后,和班级同学一起编一本"省事录",记录生活和学习中的错事,总结其中的道理,共同成长。

三个学习任务围绕"小故事大道理"这个学习主题前后连贯、层层递进,从"讲、议、用"三个层次去探究与实践"小故事"中的"大道理";同一任务中的多项学习活动相互关联、逐层深化,从阅读到表达,从讲述故事,到理解道理,再到运用寓言,带领学生在学习寓言故事的过程中提升思辨性阅读与表达的能力。

四、活动与建议

(一) 活动设计

任务一　故事会·从古讲到今

学习情境:中国最早用小故事讲大道理的人是谁?外国又有哪些很会讲寓言故事的人?请你到图书馆里找一找寓言类的图书,读一读最早的中国寓言,看一看经典的外国寓言,然后在班级的故事会上,与人分享你读到过的最好的寓言故事,做一个最会讲故事的人。

学习活动一:建一个"故事栏"

1. 辨一辨。每人列出自己最喜欢的 10 个故事的题目,小组讨论:哪些是寓言故事?哪些是童话故事?哪些是民间故事?哪些是神话故事?哪些是历史故事?将小组的发现填写在学习单上。(见下表)

类型	寓言故事	童话故事	民间故事	神话故事	历史故事
篇目	《龟兔赛跑》 《小马过河》 《掩耳盗铃》	《丑小鸭》 《小红帽》 《渔夫和金鱼》	《白蛇传》 《牛郎织女》 《田螺姑娘》	《羿射九日》 《女娲造人》 《嫦娥奔月》	《曹冲称象》 《司马光砸缸》

2. 查一查。借助网络,查一查中国最早写寓言故事的人和他的代表作,再查一查外国著名的寓言作家和作品,填写在学习单上,与同学交流。(见下表)

中国寓言			外国寓言		
年代	作家	代表作品	年代	作家	代表作品
战国	韩非子	《韩非子》	公元前六世纪	古希腊人伊索	《伊索寓言》
……	……	……	……	……	……
战国	庄子	《庄子》	十八世纪末十九世纪初	俄国人克雷洛夫	《克雷洛夫寓言集》
……	……	……	……	……	……

3. 理一理。将图书馆或班级里的故事类图书,按照故事类别进行整理摆放,建一个"寓言故事专栏"。

学习活动二:画一座"故事山"

1. 读一读。熟读古文《守株待兔》,读通故事,借助注释,说说故事的主要内容。

2. 画一画。根据故事内容,抓住农夫的愿望、做法、结果,画一座"故事山"。

释其耒而守株
(做法)

冀复得兔　　　　　　兔不可复得
(愿望)　　　　　　　(结果)

《守株待兔》"故事山"

3. 讲一讲。根据"故事山",先用古文讲讲《守株待兔》这个故事,再用现代文讲讲这个故事。

4. 练一练。阅读《南辕北辙》《叶公好龙》两个中国古代寓言故事,分别为两个故事画一座"故事山",并练习讲这两个故事。

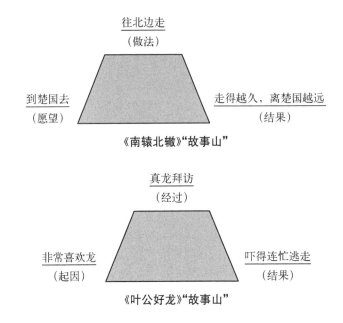

往北边走
（做法）

到楚国去
（愿望）

走得越久，离楚国越远
（结果）

《南辕北辙》"故事山"

真龙拜访
（经过）

非常喜欢龙
（起因）

吓得连忙逃走
（结果）

《叶公好龙》"故事山"

学习活动三：画一条"情节轴"

1. 读一读。熟读《陶罐和铁罐》,抓住陶罐、铁罐说话时的不同神态与语气,与同学合作,分角色朗读故事。

2. 画一画。根据陶罐和铁罐的前后变化,议一议它们在质地与外形上的特点,以及对待别人的态度,合作完成故事的"情节轴"。

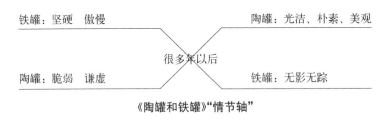

铁罐：坚硬　傲慢　　　　　　　　　　陶罐：光洁、朴素、美观

很多年以后

陶罐：脆弱　谦虚　　　　　　　　　　铁罐：无影无踪

《陶罐和铁罐》"情节轴"

3. 讲一讲。根据"情节轴",按照时间顺序,抓住陶罐与铁罐的特点与变化,将对话语言变成叙述语言,简要讲述寓言故事,与同学分享。

4. 学读学讲。熟读《鹿角和鹿腿》,关注鹿对待自己的角和腿的态度变化,抓住关键词,画一条"情节轴";根据"情节轴",自己练习有条理地讲述这个故事。

《鹿角和鹿腿》"情节轴"

5. 自读自练。自己朗读寓言诗《池子与河流》,关注池子与河流的对话内容,抓住关键词,画一条"情节轴";用叙事的方式讲述寓言诗中的故事。

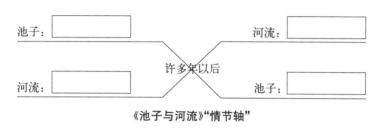

《池子与河流》"情节轴"

学习活动四:办一场"故事会"

1. 商定"故事会"的选手推荐方案。每人准备两个故事,一个是课文中的"必选故事",另一个是课外书中的"自选故事";先进行小组预赛,每人讲两个故事,推荐总分最高的同学参加班级决赛。

2. 讨论讲故事的评比标准。从基本要求和特色效果两个方面,确定评价标准。

预设:

寓言"故事会"评价标准

基本要求	特色效果
声音响亮:☆☆☆☆☆	人物语气精准到位:☆☆☆☆☆
熟练流利:☆☆☆☆☆	形象模仿惟妙惟肖:☆☆☆☆☆
神态自然:☆☆☆☆☆	观众感受入情入境:☆☆☆☆☆

3. 举办班级"故事会"。先确定参加决赛的选手和故事清单;然后选定主持人;最后组织班级"故事会",人人当观众,个个做评委,评选出班级的"故事大王"。

"故事会"节目单				
序号	组别	寓言故事题目	讲述方式	讲述者
1				
2				
……				

4. 获奖同学分享经验。请班级的"故事大王"分享自己读寓言、讲故事的经历和经验;有条件的话,将"故事大王"讲故事的视频上传校园网或互联网,分享给更多的人观看。

任务二 议事厅·从故事中学做人学做事

学习情境:不会读寓言的人,眼里只有"傻子"做"傻事";会读寓言的人,能透过故事看到背后的道理,从"傻子"和"傻事"中领悟做人做事的方法。古人说"独学而无友,则孤陋而寡闻",要想读得透、看得深,就和同学们一起读、一起想,把班级变成一个"议事厅",做一个积极思考、乐于分享的"小议员"吧!

学习活动一:"故事山"中的道理

1. 重读《守株待兔》,从"故事山"中看道理。

先演一演:学生扮演"农夫",老师扮演农夫的"导师",不断追问"错在哪里"。从"故事山"的"结果"出发,逆推前面的"做法"与"愿望"错在哪里,将"农夫"的自我检讨写在下图中。

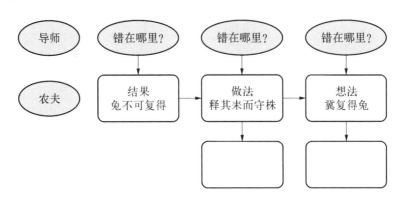

再议一议：从农夫的自我检讨中,我们可以吸取什么教训? 从想法和做法两个角度来总结提炼,运用"不要……要……"的句式来表述。

2. 重读《南辕北辙》《叶公好龙》,借助"故事山",根据"导师"的追问,逆推"做法"与"想法"错在哪里;运用"不要……要……"的句式来总结故事中的道理。

故事	道理
《守株待兔》	不要想不劳而获,要主动努力才能实现自己的目标。
《南辕北辙》	不要固执己见,要善于听取别人的建议;不要让行动和目的相违背,要明确方向。
《叶公好龙》	不要表里不一,要言行一致;不要盲目地去追捧、崇拜一些事物,要深入了解它的本质。

3. 议事厅:生活中有没有见到过类似"农夫""赶路人""叶公"这样的人? 他们做的哪一件事类似"守株待兔""南辕北辙""叶公好龙"? 谈谈各自的看法。

学习活动二:"情节轴"中的道理

1. 重读《陶罐和铁罐》,从"情节轴"上看故事中的道理。

先比一比:借助"情节轴"上的关键词,将陶罐和铁罐作三次比较。一比谁更"硬",铁罐的硬度比陶罐大;二比谁更"久",陶罐存在的时间比铁罐长;三比谁的态度"对",铁罐自以为是、傲慢的态度是不对的,陶罐有自知之明、态度谦虚是对的。

再议一议:从铁罐和陶罐的三次比较中,我们可以吸取什么样的教训? 从对己和对人两个角度来总结提炼,运用"既要……又要……"的句式来表述。

2. 重读《鹿角和鹿腿》,借助"情节轴"上的关键词,读懂故事中的道理。

先将鹿腿和鹿角作比较:一比谁"美"谁"丑",二比谁"有用"谁"没用"。

再议一议:下面两种说法你赞成哪一种? 说说理由。

◇美丽的角不重要,实用的鹿腿才是最重要的。

◇鹿角和鹿腿都很重要,它们各有各的长处。

最后从一个事物的正面和反面两个角度,总结提炼道理,运用"既要……又要……"的句式来表述。

3. 议事厅:《池子与河流》告诉我们"要勤奋,不要懒惰"的人生道理,也告诉我们生活中有"享乐和奋斗"两种不同的生活态度。你们有没有见过类似"池子"与"河流"这样的人? 对他们的生活态度有什么看法? 谈谈各自的看法。

学习活动三:老故事有了新道理

1. 重读《南辕北辙》,提出新问题,读出新道理。

先对"傻事"作"傻问":"南辕"真的不能"北辙"吗?

再阅读补充资料"地球是圆的",而后议一议:要到南方去能不能往北走? 说说你的理由。

最后对寓言作出新解:从"直达"和"绕道"两个角度,总结提炼道理,运用"如果……就……"的句式表述。

2. 重读《狐狸和葡萄》,提出新问题,读出新道理。

"傻问":狐狸吃不到葡萄就说葡萄是酸的,便放弃了;如果狐狸一直不放弃,会有什么结果?

议事厅:生活中该不该有"酸葡萄心理"? 用生活中的具体事例,谈谈各自的看法。

最后对寓言作出新解:从正面和反面两个角度,辩证地思考"酸葡萄心理"的好处和坏处,运用"如果……就……"的句式表述。

3. 和同学一起重读《坐井观天》,试着提出新问题,读出新道理。

任务三　思过堂·从"镜子"里看自己

学习情境:寓言不仅仅是拿来读、拿来讲的,还可以拿来用。寓言就像生活的一面镜子,可以照出人的缺点、错误,让人正确地认识自己,从而学会做人、学会做事。用好寓言这面镜子,既可以做好自己,也可以帮助他人。请你做一个自觉的"照镜人",照一照生活中的"傻人""傻事",编一本当代寓言故事"省事录"。

学习活动一:故事背后的故事

1. 读一读大故事。中国古代的寓言故事,往往藏在历史故事中,是大故事里的小故事。读一读《叶公好龙》,将鲁哀公的"言"和"行"填写在下面的思维导图里。

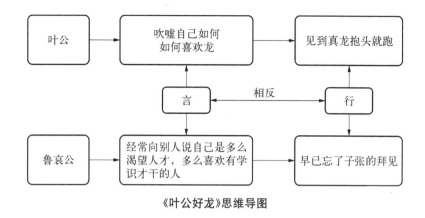

《叶公好龙》思维导图

2. 议一议：子张为什么不直接指出鲁哀公的错误，而要给鲁哀公讲《叶公好龙》的故事？

3. 读一读《南辕北辙》，仿照《叶公好龙》的思维导图，分别找出魏王和赶路人的目标与行动，然后议一议：季梁为什么不直接指出魏王的错误，而要给魏王讲《南辕北辙》的故事？

学习活动二：用故事来讲道理

1. 记一记。生活中常常有很多"傻人"在做"傻事"，而他们自己却浑然不知。如果你是一个明白人，就能发现身边的这些"傻人""傻事"，请你拿起笔记录几个事例，简要地写在学习单上。

生活中的"傻人""傻事"

班级：_____ 姓名：_____

生活中，我见过这样的"傻人""傻事"

启示

我可以用这个故事劝劝他：_____

"生活中的'傻人''傻事'"学习单

2. 议一议。和同学交流你记录的"傻人""傻事",讨论一下：他们"傻"在哪里？和哪些寓言中的"傻人"相类似？你可以用哪一个寓言故事去劝说他们？

3. 劝一劝。选择一个与你亲近的人,试着用寓言故事真诚地"劝一劝",看看有没有用。分享你的劝说经历。

学习活动三：编一本"省事录"

1. 照一照自己。将自己在生活、学习中解决过的问题、取得过的成功,或者犯过的错误、做过的傻事,用简练的语言记录下来,并在边上写下自己的一句"金句"。

2. 晒一晒傻事。在班级里开辟一个"傻子的好故事"专栏,将各自的"傻事"和"金句"分享给别人。晒一晒,乐一乐,以积极乐观的态度坚持好的、改正错的。

3. 编一编。将同学们晒出来的人生故事与"金句"汇编成一本班级"省事录"。

(二) 教学建议

1. 语言文字积累与梳理。思辨性阅读与表达是核心,但语言文字积累与梳理是每个单元的基础学习任务。(1)读通读懂小古文《守株待兔》：借助注释读懂课文,重点理解"释"和"耒"等难字,知道"走"和"因"古今不同义;以"谁＋怎么样"的结构,说说每句话的意思;把握句内停顿,读熟并背诵小古文。(2)积累表示角色特点的词语,例如,铁罐态度"傲慢、骄傲",对待陶罐"轻蔑、奚落",而陶罐"光洁、朴素、美观",对待朋友"谦虚",想与朋友"和睦相处";鹿角"精美别致",最后"被树枝挂住",而鹿腿"难看",但因为"有力",最后帮鹿"狮口逃生";河流"滚滚滔滔、背着沉重的货船、驮着长串的木筏、蜿蜒地贯穿全国、伟大、遵循规律",最终"长流不断",而池子"安闲、清闲、无忧无虑",最终"一年年淤塞、完全枯干"。(3)积累同一结构的词语：第一组"源源不断、津津有味",第二组"无忧无虑、无边无际"。(4)积累成语：邯郸学步、滥竽充数、掩耳盗铃、自相矛盾、刻舟求剑、画蛇添足、杞人忧天、井底之蛙、杯弓蛇影。

2. 课时安排建议。"语言文字积累与梳理"3课时,"任务一：故事会·从古讲到今"3课时,"任务二：议事厅·从故事中学做人学做事"3课时,"任务三：思过堂·从'镜子'里看自己"2课时。

　　3. 学习策略。(1) 图像化策略。图像化是将寓言情节用结构图的方式直观呈现的学习策略,有助于学生抓住故事的主要情节,把握故事的关键之处,为深入思考道理提供支架。我们根据寓言故事的不同结构,采用了"故事山"和"情节轴"两种图像。《守株待兔》《南辕北辙》《叶公好龙》等寓言都是一个故事一个主角,阅读时可抓住主角的"想法、做法、结果"画出一座"故事山",简单明了;《鹿角和鹿腿》《池子与河流》《北风和太阳》等寓言,是一个故事两个主角,抓住两个主角的前后变化及转折点,画一条"情节轴",一目了然。"故事山"和"情节轴"是以形象化的方式阅读思辨性的故事的工具。(2) 句式导向策略。学生在教师的不断追问中获得的做人做事的道理可能是零散的,也可能是模糊的,如果急于要求学生用自己的话语表达出来,常常词不达意,啰唆重复。我们在这个关键的节点上,教给学生"借助句式理解寓意"的表达策略。用"不要……要……"的句式,从正反两个方面阐述道理;用"如果……就……"的句式,从可能性的假设角度阐述道理。不同的句式,不同的思维导向,不同的内容表达,对于三年级学生而言是不可或缺的学习支架。(3) 生活化解读策略。寓言毕竟是虚构的,学生理解的寓意要真正化为其做人做事的指南,需要将寓言迁移到生活中,作生活化解读。我们让学生在生活中找一找和寓言中类似的"傻人""傻事",从生活实际出发,作出自己的分析与是非判断。让学生在真实的生活情境中,作批判性思考,作出新的解读。这样的生活化解读策略,可以有力地培养学生的批判性思维和求真精神。

- ➡ 五、练习与测评 -

(一) 单元练习

1. 阅读小古文,完成练习。

(1) 按课文内容填空。

宋人＿＿＿＿＿。田中＿＿＿＿。＿＿＿＿＿,折颈而死。因＿＿＿＿＿而守株,

_____得兔。兔不可复得,而_____。

(2) 对比古今义。

　　　　　　古　　　　　今

走:_____　　　_____

因:_____　　　_____

2. 填反义词。

傲慢——(　　　)　　　坚硬——(　　　)　　　羞耻——(　　　)

清闲——(　　　)　　　长流不断——(　　　)

3. 照样子写词语。

源源不断　津津有味　_____　_____

无忧无虑　无边无际　_____　_____

邯郸学步　滥竽充数　_____　_____

4. 根据课文内容填空。

鹿站在池塘边,对着池水(　　　　)自己的美丽:"我的角多么(　　　　),好像两束(　　　　)!"鹿忽然看到了自己的腿,开始(　　　　)起自己的腿配不上自己的角。

鹿甩开了狮子,叹了口气:"两只美丽的角(　　　　　　　　),可四条难看的腿却(　　　　　　　　　　)!"

(二) 单元测评

1. 连一连:将生活中的例子和对应的寓言故事连线。有一次,张奶奶在小区门口捡到了五十元钱,就天天去小区门口的地面上找啊找。

《叶公好龙》

李明天天打游戏,患了结膜炎。他却一直认为适应了就好了,于是每天照玩不误。

《守株待兔》

小红立志要做法布尔一样热爱昆虫、研究昆虫的科学家。可是当她打开爸爸送她的礼物时便吓得大哭起来,因为盒子里装着爸爸送她的生日礼物——各种昆虫。

《南辕北辙》

2. 阅读《掩耳盗铃》，完成练习。

（1）画一画：认真读《掩耳盗铃》三遍，抓住故事中蠢人的"愿望、做法、结果"画一座"故事山"。

（2）议一议：用"要……不要……"的句式，说一说我们从故事中可以吸取的教训。

3. 选择两个事物，以《××和××》为题，编一篇寓言故事。

（1）列一列：这两种事物各有什么优点？各有什么缺点？

（2）画一画：这两种事物之间会发生什么故事呢？请你画一画"情节轴"。

（3）编一编：把编好的故事讲给爸爸妈妈听。

第七讲　童年的万花筒

——统编教材四年级上册第六单元"思辨性阅读与表达"
学习任务群设计

➡ 一、主题与内容

（一）主题的确立

每个人的童年,几乎都有胜利的欢乐和自豪,有失败的尴尬和困惑,有记忆犹新的恐惧,有扬眉吐气的痛快。童年就像五彩斑斓的万花筒,如果只有一种颜色,就少了一些滋味。一段段特别的经历,构成了真实的童年。

统编教材四年级上册第六单元主要是围绕"童年美好的回忆"这个主题编排设计的,由《牛和鹅》《一只窝囊的大老虎》《陀螺》三篇课文组成。每一篇课文都记录着作者童年的经历,也都蕴藏着耐人寻味的道理。针对这一单元,我们设计了"童年的万花筒"这一学习主题,意在帮助学生形成对"幸福童年"的辩证理解。

从生活角度来看,通过阅读了解别人的童年故事是一种成长性活动。阅读中,通过故事人物的言行,体会人物的内心,辨析人物做事的态度与立场,学习他人对人对事正确的态度,并由他人的童年生活联系到自己的童年,借助他人对"幸福童年"的理解促进自己思想认识的提升,让孩子形成对"幸福童年"的辩证理解。

从学科角度来看,借阅读批注解读童年是一种思辨性阅读。阅读,拉近学生与文本之间的距离;批注,激发大脑思维的积极性,促进学生主动自发地进行独立思考。学做批注,在批注过程中用归纳、比较、概括等方法,读懂人物行为及背后的心情变化,在对文本内容有所质疑、思考处记录感悟,学生的思维能由浅入深,思维能力能得到一定的提升。可以说,学生做阅读批注的过程,也是借用形象的批注展现抽象的、看不见的阅读思考的过程。

从学习角度来看,从具体故事中读出抽象道理需要理性思维。故事是形象可感知的,道理是抽象而深刻的。学习故事,就是要关注到故事中人物的言行举止,从中思考行为背后的思想、看法,领会其中的道理,并能联系生活实际,推理出更具普遍意义的人生哲理。学习故事,锤炼的不仅仅是形象思维,更能培养学生的逻辑思维、辩证思维和推理能力。

(二)内容的归属

《义务教育语文课程标准(2022 年版)》中第二学段的"思辨性阅读与表达"学习任务群包括三个方面的学习内容,其中一项内容是通过阅读解决生活问题的故事,学习思考的方法,形成思考的路径,探秘故事背后蕴藏的道理,依据生活经验理解道理。让学生把握"事"与"理"的关系,表达故事中的道理,运用道理解决生活中的问题,就能在语文学习过程中提高学生的逻辑思维能力,提升学生的思维品质。

四年级上册第六单元选编了三个真实又耐人寻味的童年故事,为建构"思辨性阅读与表达"学习任务群提供了一定的学习资源。因此,本单元以"思辨性阅读与表达"学习任务群组织教学。

(三)内容的组织

统编教材四年级上册第六单元编排的是童年故事,选编了《牛和鹅》《一只窝囊的大老虎》《陀螺》三篇课文;课后的"阅读链接"中选编了《牛的写意》的片段,介绍了牛的眼睛和蹄印。课文中的故事为"思辨性阅读与表达"学习任务群的设计提供了有价值的学习资源。

➡ 二、目标与评价

教学目标	评价要求
能以探究的态度发现童年故事中他人错误或正确的行为,善于从自己或他人的行为中得出经验或教训,能与他人分享自己的童年故事,交流从中所获得的心得体会或悟出的人生道理。	1. 能发现故事中他人正确与错误的行为。 2. 能够在具体的情境中,以"演出表现评价""写颁奖词"等学习活动,准确、有理地表达自己的看法。 3. 能讲述自己难忘的童年故事,并写下自己的反思和感悟,与他人一起分享。

教学目标	评价要求
能在具体的故事学习中,借助工具梳理故事内容,从人物表现中体会心情,从心情变化中探究原因,运用逻辑思维、辩证思维,以推理的方式,把握"事"与"理"的关系,提升思维的深刻性、灵活性与批判性。	能熟读单元中的 3 个童年故事,绘制"故事山""鱼骨图"和"心情变化图",把握故事内容。
能根据"小故事大道理"的特点,学会抓人物言行、人物心情等关键线索,通过对比、推理及联系生活等方式,领悟故事中蕴含的道理,形成对"幸福童年"的辩证的理解,提高思考和辨析的能力。	1. 能关注人物的语言、动作、神态,从行为举止中体会人物心情。 2. 能借助人物的思维图,了解人物的内心想法,辨析做事的正确态度,发现道理,并且能用简练的语句准确地表达自己的理解与看法。
通过本单元的学习,习得从"故事"中提炼"道理"的思考路径和思维方式,提升辩证思考的能力。	对拓展的故事能作出准确的解读,在阅读中学会思考,并能以合适的文字表述自己从中悟得的人生道理。

三、情境与任务

　　"童年的万花筒"学习主题的关键词是"童年"和"万花筒",可以根据故事里的人物在童年时代对事物的态度、对事情的看法分析他们的态度与立场,形成对自我正确的判断,并能有条理、重证据地表达自己的看法,培养思辨力。同时,由他人的童年生活联系到学生自己的童年,对童年的故事进行理性的思考,从而对童年的幸福有准确、完整而全面的理解。我们紧扣"由事及理"与"由人及己",逐层设计了不同的学习任务。一是感受他人的童年。以"作品里的童年"作为情境任务,引导学生了解不同地区、不同国家关于"童年"这一主题的歌谣和诗歌,感受童年共有的特点以及不同人在童年时代的不同的收获。二是以"童年的狼狈事"作为情境任务,学习《牛和鹅》一文。借助批注读懂故事,能结合课文说清楚"我"

对鹅的认识与态度有着怎样的转变。三是以"童年的窝囊事"作为情境任务,学习《一只窝囊的大老虎》一文,借鉴前一课的学习方法,借助批注理解课文,从不同角度评判课文中"我"的演出表现,并能有理有据地说清原因。四是以"童年的欢乐事"作为情境任务,学习《陀螺》一文,在讲好故事的基础上,能结合课文中对"陀螺"的描写,试着写写"陀螺"的颁奖辞。一个人对事对物的看法、做法,都与他的思想认识和思考角度相关。任务二、三、四这三个情境任务中,三篇课文的教学重点都是学习他人的思维方式,借助文本故事,引导学生学会用脑思考,从人物的言行举止中发现智慧,并学会以正确的眼光看待问题、解决问题。五是以"说说'我'的童年"作为情境任务,引发学生的深度思考,读懂课文作者写这些丢人的事、疑惑的事、自豪的事的意图,以作家思维和专家思维,建构自己对"幸福童年"的认识。由此,我们围绕"童年的万花筒"学习主题,设计了多个前后连贯的情境任务,建构了学习主题统领下的任务单元(见下图)。

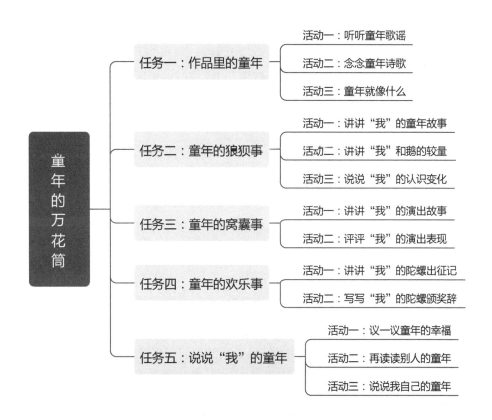

为了更好地完成五个学习任务,我们依据"童年的万花筒"的实践逻辑,将情境任务作了活动分解,设计了结构化的活动链。

任务一:作品里的童年。了解不同地方、不同国家、不同作者写的童年主题的歌谣、诗歌作品,感受作品中表达的主题;感受他人对童年的理解后,联系自己的童年经历与感受,用严谨、准确的分析与理性的表达,阐述自己对"童年"的理解与看法。

任务二:童年的狼狈事。用"故事山"把握故事情节;用"对阵图"聚焦"我"与鹅相遇的场景,以图式把握作家创作故事的秘密。随后,从读懂故事到悟出道理,理解为什么"我"对鹅的认识与态度有了重大转变。

任务三:童年的窝囊事。用批注的方式读故事;用"鱼骨图"呈现"我"在那一次表演中的心情变化,结合课文内容,依据人物的动作、语言、表情、神态等读懂人物内心,探究每一次心情变化的原因;以评委这一身份在情境中对表演者"我"的演出作评价,在梳理观点事实与材料后,明白看待事与物的正确态度与立场。

任务四:童年的欢乐事。用批注的方式读故事;用"心情变化图"概括"我"的心情变化,依据人物的内心变化读懂"我"对陀螺的认识以及从中悟出的道理;以在创设的情境中写颁奖辞的方式,引导学生形成准确的思考路径,探秘文字背后蕴藏的道理,依据生活经验理解故事中的道理。

任务五:说说"我"的童年。结合三篇课文所写的三个故事,议一议童年的幸福是什么;拓展阅读短文《没有一句台词的角色》,再次了解他人的童年,运用读故事的方法,在读与思考中悟出故事蕴含的道理;举办故事会,说说自己的童年往事,讲述自己的收获。从读懂他人的童年故事到讲述自己的童年故事,从领会故事所蕴含的道理到感悟自己的故事中蕴含道理,让学生敢于发表自己的观点,经历思考与辨析,进而实现思维的进阶。

五个学习任务围绕"童年的万花筒"这个学习主题层层递进,先"读、讲、说"故事;再借助人物的语言、动作、神态、表情等从"发现、对比、寻因"三个层次去解读人物的内心,探究故事中蕴含的道理;最后围绕自己的思考表达自己的理解,在不同的实践活动中提升语文能力。五个任务,每个任务中都设计了相互关联、逐层深化的多项学习活动,从阅读到表达,从读懂故事到理解其中的道理,从根据道理评价他人到根据道理学习做人做事,在学习课文故事的过程中提升学生思辨性阅读与表达的能力。

(一) 活动设计

任务一　作品里的童年

学习情境:每个人都会经历难忘的童年,快乐、忧伤、委屈、骄傲、尴尬……许许多多的往事都记录着我们每一次的成长,给我们的记忆着上了绚丽的色彩。

不同的时代、不同的地区,人们的童年会有着什么相同的经历? 又有着哪些特别的、不同的趣事? 请你请教家人、借助书本和网络资源,找一找关于童年的歌谣、童年的诗歌,然后在班级的"童年作品"交流会上,与伙伴分享。

学习活动一:听听童年歌谣

1. 忆一忆。回忆自己小时候,听到过哪些童年歌谣。

	童年歌谣名称
"我"小时候听过的童年歌谣	

2. 查一查。通过阅读书籍或是上网搜索,了解中国和外国著名的童年歌谣,填写在学习单上,与同学交流。

中国童谣	外国童谣

3. 选一选。全班同学以投票形式挑选有特色的童年歌谣。

4. 听一听。根据投票结果,教师组织学生在课堂上欣赏童年歌谣。

学习活动二:念念童年诗歌

1. 查一查。通过阅读书籍或是上网搜索,了解中国和外国关于童年的诗歌。

2. 理一理。把查到的相关内容填写在学习单上,并与同学交流。

中国童年诗歌		外国童年诗歌	
作家	作品名称	作家	作品名称

3. 读一读。全班同学读读经典的童年诗歌。

学习活动三:童年就像什么

1. 说一说。读了童年歌谣和童年诗歌,结合自己的童年生活,说说你对童年的理解。

2. 写一写。选用以下句式,写一写自己对"童年"的感受。

童年就像_____ ; 童年是_____ ;

童年就像_____ ; 童年是_____ ;

童年就像_____ 。 童年是_____ 。

3. 画一画。将学生写的句子按两种类别汇集起来装订好,请学生设计封面,做一本《我们的童年语录》。

任务二　童年的狼狈事

学习情境：童年的故事丰富多彩，快乐的、悲伤的、激动的、尴尬的……无论是怎样的故事，回味起来都是一种独特的体验与感受，让我们一起走进作者任大霖的故事，读读他与鹅之间令人啼笑皆非的趣事。

学习活动一：讲讲"我"的童年故事

1. 读一读。熟读课文《牛和鹅》，借助批注更好地理解故事内容。

要点：

(1) 列举课文中出现的批注。

(2) 对文本中的批注作归类。在有疑问的地方作批注，在对课文内容有感想的地方作批注，在有所启发的地方作批注。

2. 画一画。根据故事内容，抓"我"对牛和鹅的态度变化，完成"故事山"。

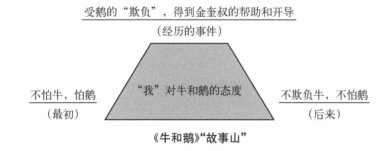

《牛和鹅》"故事山"

3. 讲一讲。根据"故事山"，讲述《牛和鹅》一文中的主要内容。

学习活动二：讲讲"我"和鹅的较量

1. 圈画。阅读课文中写"我"与鹅相遇的段落，圈画出关键词语、句子。

2. 梳理。用表格，梳理出"我"与鹅相遇时的表现。

对阵回合	大白鹅	我们（我）
第一回合	水里游	不说话、贴着墙壁、悄悄地走
第二回合	爬到岸上、走过来、伸长脖子嘎嘎叫着、扑打着大翅膀	惊呼、逃跑

对阵回合	大白鹅	我们（我）
第三回合	追得更快了	吓得脚也软了
第四回合	赶上了我、咬住了我	书包掉了、鞋子弄脱了、又哭又叫
第五回合	拖我、啄我、扑打我	几乎被拖倒了

3. 体会。抓住人物的动作、语言、神态，体会"我"当时的惊慌失措。

4. 概述。根据表格，选择一回合说说"我"与鹅相遇时的较量。

学习活动三：说说"我"的认识变化

1. 比较。说说"我"对鹅的认识与态度前后有着怎样的变化。

2. 思考。想一想：刚开始，"我"为什么怕鹅？后来，我为什么不怕鹅？请学生联系关键语句，在书上作批注，写出自己的感想与理解。

3. 交流。学生依据所写的批注，说说自己的想法。

任务三　童年的窝囊事

学习情境：童年时的一次表演，会让自己的心情有怎样的起起落落呢？会带给自己怎样的成长收获呢？看看作者扮演一只大老虎的演出经历，或许也会激发我们童年时一次表演的回忆，再次回味，我们会有新的体悟……

学习活动一：讲讲"我"的演出故事

1. 读一读。读课文《一只窝囊的大老虎》，找文中体现"我"内心想法的语句，在文中做批注，读懂"我"当时的心情。

2. 填一填。概括"我"当时的心情，并填写在横线上。

3. 推一推。从人物的动作、神态、表情、语言中，读懂人物当时的内心想法，找到造成这种情绪的原因，填写在方框里。

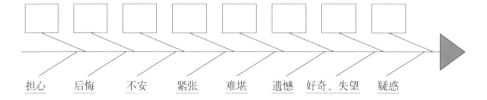

担心　　后悔　　不安　　紧张　　难堪　　遗憾　　好奇、失望　　疑惑

预设：担心是因为"我"不会豁虎跳，怕老师不让"我"扮演老虎；后悔是因为没想到演老虎也那么不容易；不安是因为老师对"我"的演技并不满意；紧张是因为"我"第一次上台表演；难堪是因为"我"在台上的演出，惹得台下一阵哄堂大笑；遗憾是因为"我"认为要是自己会豁虎跳，这场戏就不至于演砸；好奇是因为"我"上动物园总要去看看老虎怎么豁虎跳，却从没见过，所以感到失望；疑惑是因为"我"不明白为什么不会豁虎跳就不能扮老虎。

4. 讲一讲。根据"鱼骨图"，讲述"我"的演出故事。

学习活动二：评评"我"的演出表现

1. 读读课文。聚焦文中对"演哥哥的小朋友"和"我"的描写，读句子，读懂故事人物的内心。

2. 填任务单。请学生关注不同角色的信息，填写任务单。

评委	成绩	评语
演哥哥的小朋友	（　　）星级	
我	（　　）星级	

提示："评语"是给出此成绩的评判标准和理由。

3. 交流观点。结合完成的学习任务单，请学生代入不同的角色说说对此次演出表现的评价，理由要充分。

任务四　童年的欢乐事

学习情境：童年时的一个玩具，能够让作者为它悲为它喜，什么玩具这么有魅力呢？看看作者高洪波童年时的故事，你是否也回忆起了儿时自己对某个玩具的喜爱？是否也回忆起了曾经与小伙伴们一起游戏的画面？是否也像作者一样把一段美好的经历用文字记录了下来？

学习活动一：讲讲"我"的陀螺出征记

1. 读一读。再读《陀螺》，从课文中找出体现"我"的心情的语句，用批注写下阅读感受。

预设:

(1)"曾有很长一段时间我的世界堆满乌云,快乐像过冬的燕子一般,飞到一个谁也看不到的地方去了。"句子中用形象的比喻,写出了"我"因为削不出得心应手的陀螺而感到懊恼、郁闷、难过。

(2)"这消息曾使我一整天处于恍惚的状态,老想象着那只陀螺英武的风姿。"这句话刻画了"我"一整天的状态,写出了"我"对叔叔送陀螺的期待。

(3)"尤其当我看到这枚'鸭蛋'的下端已嵌上一粒大滚珠时,更是手舞足蹈,恨不得马上在马路上一显身手!""手舞足蹈"一词写出了"我"得到心满意足的陀螺时的高兴、激动的心情。

(4)"这使我士气大减,只是在一旁抽打,不敢向任何人挑战。"从"我"的表现可以看出"我"在受到嘲笑后的尴尬,对于陀螺的本领有所担心。

(5)"这真是个辉煌的时刻! 我尝到了胜利的滋味,品到了幸运的甜头。""辉煌""胜利""幸运",连用三个词,表现出"我"在赛陀螺取胜后产生了从未有过的自豪感。

2. 填一填。读相关的段落,用词语提炼"我"的心情,完成本文的心情变化图。

预设:

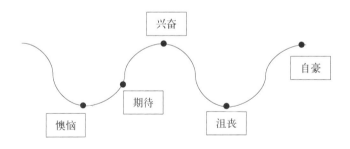

3. 说一说。"我"的心情背后,隐藏着"我"对陀螺怎样的认识。

预设:(1)体重个大的陀螺才有战斗力,"我"因为自己削不出这样的陀螺而感到懊恼;(2)叔叔答应送"我"一只陀螺,让"我"十分期待;(3)下端嵌着大滚珠的陀螺一定有战斗力,因为"大滚珠"体重大,看上去又神气;(4)不帅气、不伦不类的陀螺没什么战斗力,因为同伴们都嘲笑、看不起这样的陀螺;(5)个头小的陀螺也可以顽强,也能战胜大陀螺。

4. 讲一讲。联系课文内容,借用"心情变化图"概述"我"的陀螺出征记。

学习活动二:写写"我"的陀螺颁奖辞

1. 再读课文。找出课文中描写"陀螺"的语句。

2. 例子引路。出示范例,明确颁奖辞的基本形式。

范例:

他,在知识的海洋里遨游,运用的是智慧,付出的是汗水,收获的是超越。他,就是我们班的骄傲——×××同学。

3. 动笔写写。请学生根据文中"我"对陀螺的认识,并结合课文内容和自己对陀螺的看法,写一段颁奖辞。

"我"的陀螺颁奖辞

_____

_____

任务五　说说"我"的童年

学习情境:读了三个有趣的童年故事,是否让你感叹童年真的是快乐的、天真的、幸福的? 打开记忆的大门,回想一下让自己难忘的故事,想一想这个故事是否也让你有了成长的收获,让你对"童年"有了新的感悟。

学习活动一:议一议童年的幸福

1. 想一想:《牛和鹅》一文中,作者为什么要把自己被一只大鹅追得狼狈的故事写下来?

2. 联系课文《一只窝囊的大老虎》中"我"的一次表演经历,说说作者为什么要把自己演一只窝囊的大老虎的故事写下来?

3. 联系课文《陀螺》中"我"与小伙伴赛陀螺的经历,说说作者为什么要把自己用一个小小玩具取胜的故事写下来?

提示:童年的尴尬事,有可能也会变成成年后美好的回忆。对童年的一些事的看法,是会随着经历、心态的变化而变化的。可以从以下几点考虑:(1)不管什么事情,都有着童年的快乐。（2）这些童年往事让"我"明白了一些道理、有了一定的收获。（3）同一件事,在不同时间、从不同角度来看,会有不同的体会。

学习活动二：再读读别人的童年

1. 读一读。阅读拓展文本《没有一句台词的角色》。

2. 写一写。围绕"我"对妹妹演狗的看法,写阅读批注,体现"我"态度的变化。

3. 悟一悟。借助批注,理解故事中"再小的角色也有可能变成主角,哪怕你一句台词也没有",写下自己的理性思考。

学习活动三：说说我自己的童年

1. 准备故事。

回忆自己曾经玩过的游戏、难忘的一次经历、做过的一件"傻事",借鉴、学习课文中的方法,以"故事山""情节轴""心情变化图"来梳理自己所讲故事的大致情节。

2. 商定方案。

商定"故事会"的选手晋级方案。进行小组预赛,组内每人讲故事,推荐总分最高的同学参加班级决赛。

3. 讨论评比标准。可仿照下表。

"故事会"评价标准

对故事内容的评价	故事内容完整	☆☆☆☆☆
	故事展示了自己当时的心情	☆☆☆☆☆
	故事中隐藏着自己对事、对物的正确的认识与态度	☆☆☆☆☆
对故事讲述的评价	声音响亮	☆☆☆☆☆
	讲述绘声绘色	☆☆☆☆☆

（二）教学建议

1. 语言文字积累与梳理。思辨性阅读与表达是核心,但语言文字积累与梳理是每个单元的基础学习任务。（1）积累一组拟声词：《牛和鹅》一文中的"嘎嘎""啪嗒啪嗒""吁哩哩哩"；（2）积累一组动词：《牛和鹅》一文中有许多动词如"拍、摸、扳、捶、触、骑"，应结合课文语境，了解不同的行为动作应用不同的字词来表示。（3）积累同一结构的四字词语如"通情达理""冰天雪地""手舞足蹈"。（4）读准带有多音字的词语如"露过面""角色""哄堂大笑"。（5）积累谚语，如《陀螺》一文中的谚语"人不可貌相，海水不可斗量"，"语文园地"的"日积月累"中的"尺有所短，寸有所长""差之毫厘，谬以千里""一言既出，驷马难追""机不可失，时不再来""病从口入，祸从口出""比上不足，比下有余"。

2. 课时安排建议。"语言文字积累与梳理"3 课时，"任务一：作品里的童年"1 课时，"任务二：童年的狼狈事"2 课时，"任务三：童年的窝囊事"1 课时，"任务四：童年的欢乐事"1 课时，"任务五：说说'我'的童年"2 课时。

3. 学习策略。（1）图像化策略。图像化是将故事用结构图的方式直观呈现的学习策略，有助于学生抓住故事的主要情节，把握故事的关键之处，为深入思考道理提供支架。教学中，我们采用了"故事山""鱼骨图""心情变化图"三种图式。教学《牛和鹅》时，可抓住"我"对牛和鹅前后不同的态度，画出一座"故事山"，简单明了；教学《一只窝囊的大老虎》时，可讲述"我"读小学时的一次表演经历，紧扣住事情发展的顺序，画"鱼骨图"，将故事内容清楚、完整地呈现；教学《陀螺》一文时，可围绕"陀螺"，梳理"我"的心情的变化情况，探究背后的原因，以"心情变化图"把握故事内容。"故事山""鱼骨图""心情变化图"是以形象化的方式阅读思辨性的故事的阅读工具。（2）句式导向策略。用上"童年就像_____"或"童年是_____"的句式来阐述对于童年的理解；对于人物的评价和颁奖辞的撰写，可依据事实，用范例指引学生规范地表达；对于看不到的人物内心想法，可引导学生通过人物的动作、语言、神态体会人物的心情，落实好本单元的语文要素。学习方法和语言表达，都有支架的"无声指导"，才能让学生的学习有质量有效率。（3）巩固迁移法。学习了方法后，还需要在实践中运用形成能力。教学中以"建构自我学习的认知地图"的方式，让学生将写批注的学习方法迁移到拓展阅读中，练习用写批注的方法来理解内容，让本单元的语文要素"学习用批注的方法阅读"在课堂上得以落地。（4）生活化解读策略。"小故事"中藏着"大道理"，让学生学习课文并获得启示，能运用从文本中学得的知识、悟出的道理解决生活中遇到的问题。在真实的生活情境中,对故事中的人与事作批判性思考,作出新的解读,合情合理地评价人与物、谈自己对童年的感悟,在生活化的语境下表达自己的看法与理解。这样的生活化解读策略,可以有力地培养学生的批判性思维和求真精神。

五、练习与测评

(一) 单元练习

1. 词语积累运用。

(1) 将词语补充完整。

重( )旗鼓　　不( )人后　　得心( )手　　不( )不( )

一( )身手　　接连不( )　　( )堂大笑　　无缘无( )

不动( )色　　通情( )理　　手( )足( )　　( )头( )脑

(2) 最后两个词语都含有人的身体部位,这样的词语我还知道:_____。

2. 根据语境填写谚语。

(1) "_____,_____"告诉我们人各有长处和短处,我们要善于取人之长,补己之短。

(2) 常言道:"_____,_____。"你说起话来没遮没拦,早晚得惹祸。

(3) 劝诫别人做事要抓住时机,我们可以用"_____,_____"这句话。

(4) 我们要说话算话,做到"_____,_____";做科研时要小心谨慎,因为"_____,_____";要正确看待事物,因为"_____,_____";"_____,_____",我们要学会知足常乐。

3. 用多种方式利用批注。

(1) 阅读他人批注:阅读他人的批注可以帮助我们理解作品,例如可读明末清初著名文学批评家金圣叹先生对《水浒传》所作的批注。

(2) 阅读他人的批注，可以发现什么不同？

_____

_____

_____

预设：批注的位置不同，可以写在旁边，可以穿插在文中，也可以在文末；批注的角度不同，可以对语言表达作评价，可以提出疑惑，也可以表达自己的阅读感受。

(3) 认真阅读《牛和鹅》一文的课后"阅读链接"选文。

（二）单元测评

选两个表示心情的词语，分别围绕这两种心情写一段话，将人物的语言、动作、神态写具体。

害怕　　生气　　自豪　　紧张　　快乐　　伤心

_____

_____

_____

_____

_____

第八讲 由果溯因显智慧

——统编教材四年级上册第八单元"思辨性阅读与表达"
学习任务群设计

一、主题与内容

（一）主题的确立

统编教材四年级上册第八单元的四篇课文都是历史故事，展现了中国古人的智慧。我们根据单元主题和文本内容，设计了"由果溯因显智慧"这一学习主题。

一是从生活角度来看，准确把握事情的因果关系需要理性思维。古人离我们很遥远，但是他们为人处世的态度和智慧，仍然值得现代人借鉴。"以铜为镜，可以正衣冠；以史为镜，可以知兴替；以人为镜，可以明得失。"以古鉴今，学做智慧的人。通过对故事情节逻辑关系的梳理，明白故事要讲的道理，学做一个聪明人。

二是从学科角度来看，推理人物行为背后的思维逻辑，是一种思辨性阅读。在阅读过程中进行由果溯因、逆向推断、假设证明等思考活动，由现象看到本质，由结果看到原因，思考人物行为背后的思维逻辑，这能养成良好的思维习惯。学生除了理解故事，感受人物形象外，更重要的是开展思辨性阅读，提升思维品质。

三是从学习角度来看，可以通过理解因果关系学习做人做事的道理。学生已经具备了一定的阅读能力，能基本把握故事的主要内容，但是难以发现情节之间的因果联系，难以理解人物行为背后的思维过程。学习历史故事，不仅仅能读到精彩的故事，更能锻炼学生的逻辑思维，尤其是推理能力。分析人物的思考过程，学生可以学习思维方法，提高思维能力，提升语文核心素养。

（二）内容的归属

《义务教育语文课程标准（2022 年版）》中第二学段的"思辨性阅读与表达"学习任务群包括三个方面的学习内容，其中之一是"阅读解决生活问题的故事，尤其是中华智慧故事，结合自己在生活中遇到的问题学习思考方法，尝试运用列提纲、画思维导图等方式，表达故事中的道理"。这项学习内容旨在让学生通过列提纲、画思维导图等方式，把握"因"与"果"的关系，准确表达故事中的道理，提高逻辑思维能力，提升思维品质。

四年级上册第八单元选编了一系列生动有趣的故事类文本，为建构"思辨性阅读与表达"学习任务群提供了丰富的学习资源。因此，本单元以"思辨性阅读与表达"学习任务群组织教学。

（三）内容的组织

统编教材四年级上册第八单元选编了四篇小故事：《王戎不取道旁李》中，王戎根据道旁李多这一现象，准确地把握了李苦与李多之间的因果关系，从而判断出"此必苦李"；《西门豹治邺》中，西门豹根据调查结果，准确地把握了官绅、巫婆骗钱与河神娶媳妇之间的因果关系，从而将计就计，惩治了恶人；《扁鹊治病》中，扁鹊准确地把握了症状与病理之间的关系，作出了准确的诊断；《纪昌学射》中，飞卫准确地把握了好眼力和成为百发百中射箭能手之间的因果关系，从而帮助纪昌提高了射术。这些故事为"思辨性阅读与表达"学习任务群的设计提供了丰富的学习资源。

> ■ 二、目标与评价

教学目标	评价要求
能借助故事情节图，讲好本单元的历史故事，并能将其中的逻辑讲透彻、说准确，提升表达的准确性与逻辑性。	1. 借助"连环画""情节塔""故事单"等工具，完整流利地讲述 4 个历史人物故事，把握故事内容。 2. 能凭借自己的理解，把故事讲述得具体、完整。

教学目标	评价要求
把握情节间因果关系,推理、领会人物行为背后的智慧,有理有据地对人物进行评价。	1. 通过画出思维导图、填写表格、同伴讨论等多种形式,探寻人物行为背后所隐藏着的"智慧"。 2. 进一步探究人物的"智慧"从何而来,对人物形象与人物品质产生更深层、更立体的认识。
通过推理分析、整理归因等方式劝诫他人,理性看待身边的人与事,提升自己的逻辑思维水平。	1. 能认识并评价历史人物,学做智慧的人。 2. 能自读类似的历史故事,推理出人物的逻辑。 3. 能够在具体的生活情境中用因果思维劝诫别人。

三、情境与任务

　　"由果溯因显智慧"学习主题的关键是把握事情的因果联系,从故事中的人物身上学习为人处世的智慧。因此,我们从不同角度创设了三个学习情境。一是会讲故事的人:以"讲好历史故事"作为情境任务,组织学生读历史故事,做一个会讲故事的人。二是会推理故事的人:以"学习人物智慧"作为情境任务,能根据正反假设、抓住主要人物和主要情节,找到事情之间的因果联系,推理历史人物行为背后的原因。三是会用故事的人:以"学做智慧的人"作为情境任务,能以探究的态度对待书本中的历史人物,善于从古人的行为出发推理背后的处事思维,保持积极理性的生活心态,能应对生活中类似的情况。由此,针对"由果溯因显智慧"这一学习主题,我们围绕"行为背后的思维",安排了三个前后连贯的情境任务,建构了学习主题统领下的任务单元(见下页图)。

　　为了更好地完成三个学习任务,我们依据"教人做事"的实践逻辑,将情境任务作了分解,设计了结构化的活动链。

　　任务一:讲好历史故事。借助"连环画""情节塔""故事单"等,完整流利地讲述四个历史故事,准确把握故事内容,能凭借自己的理解,把故事讲述得具体、完整。

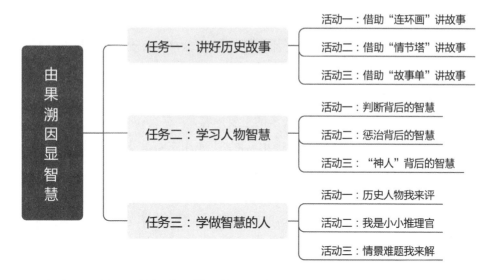

任务二：学习人物智慧。借助情节图与同学一起讨论，探寻人物行为背后的智慧，画出思维导图。结合补充资料，进一步探究人物的"智慧"从何而来，对人物形象与人物品质产生更深层的认识。

任务三：学做智慧的人。认识并评价历史人物；自读类似的历史故事，推理出人物思维过程；在具体的生活情境中用因果思维劝诫别人，学做智慧的人。

三个学习任务围绕"由果溯因显智慧"这个学习主题前后连贯、层层递进，从"讲、议、用"三个层次去探究与理解"行为背后的思维"；同一任务中的多项学习活动相互关联、逐层深化，从阅读到表达，从讲述故事到理解道理再到情境中运用，带领学生在学习历史故事中提升思辨性阅读与表达的能力。

> 四、活动与建议

（一）活动设计

任务一　讲好历史故事

学习情境： "时光如川浪淘沙，青史留名多俊杰。"中国历史上有许多历史故事,生动有趣,给人智慧与启迪,经历千百年仍然广为流传。请你到图书馆里找一找讲历史人物的图书,然后与老师、同学和家人分享你喜欢的历史故事。

学习活动一:借助"连环画"讲故事

1. 读一读:熟读古文《王戎不取道旁李》。

2. 说一说:借助注释,说说故事的主要内容。

3. 讲一讲:教师出示图片作提示,让学生先用文言文讲讲《王戎不取道旁李》这个故事,再用现代文讲讲这个故事。

提示:讲故事不仅要讲得准确,还要讲得生动,讲得别人愿意听。比如可以加入一些合理的想象——当时的场景是怎样的、人物会说什么样的话、人们心里是怎么想的……

学习活动二:借助"情节塔"讲故事

1. 读一读:默读《西门豹治邺》,与同学分角色朗读故事,思考西门豹干了哪些事。

2. 填一填:抓住主要人物,关注主要事件,合作完成故事的"情节塔"。

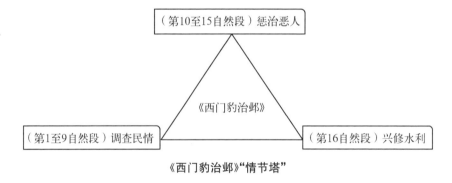

《西门豹治邺》"情节塔"

3. 讲一讲:根据"情节塔",按照事情发展的顺序,抓住主要人物的主要事迹,将对话语言变成叙述语言,简要讲述故事。讲长故事时适当精简,并增加自己的理解。

学习活动三:借助"故事单"讲故事

1. 读一读:默读《扁鹊治病》,与同学分角色朗读故事。

2. 填一填:找出课文中表示故事发展先后顺序的词句,完成"病历单"。

3. 改一改:学生交流,完善"病历单"。

病历单			
病人：蔡桓侯		医生：扁鹊	
就诊时间	病在何处	治疗方法	预期效果
一天			
五天之后		蔡桓侯浑身疼痛	
不久		蔡桓侯病死了	

4. 讲一讲：依照时间顺序，借助"病历单"讲故事。

提示：尝试加入合理想象，使故事更饱满。讲的时候注意语气，还可以用适当的动作和表情吸引听众；讲完之后，问问同学是否喜欢你讲的故事、有没有听明白、对你还有什么建议。

5. 练一练：默读《纪昌学射》，找出课文中表示故事发展先后顺序的词句，完成"成绩单"。借助"成绩单"讲故事。

成绩单			
学生：纪昌		老师：飞卫	
练什么		怎么练	练得怎样
第一阶段：			
第二阶段：			
结果：成为百发百中的射箭能手			

任务二　学习人物智慧

学习情境：会读历史故事的人，能透过人物行为看到背后的思维逻辑，从中领悟做人做事的方法。古人说:"独学而无友,则孤陋而寡闻。"想读得明白、看得透彻,就和同学们一起读、一起想,做一个积极思考、思维清晰的"小小侦察兵"吧!

学习活动一:判断背后的智慧

1. 了解王戎行为背后的思维过程。王戎来到路边,看到了"树在道边而多子",于是认为"此必苦李"。这是王戎作出的判断,王戎是怎么作出这个判断的?他是怎么想的呢?

(1)借助句式剖析思维。

如果李子是甜的,(　　　　　　),树上就(　　　　　　)。

如果李子是苦的,(　　　　　　),树上就(　　　　　　)。

(2)用文言文把原因说清楚。

树在道边而多子折枝——(　无人取之　)——此必苦李

树在道边而少子——(　竞走取之　)——此必甜李

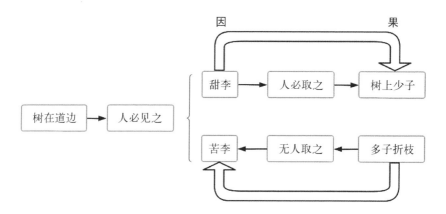

2. 想想王戎为何会有这般智慧。

预设:王戎善于积累生活经验,且遇到问题能冷静思考。

学习活动二:惩治背后的智慧

1. 揣摩西门豹行为背后的思考过程。

(1)领悟妙计一:西门豹把巫婆和官绅抓来,公开审判,揭露罪行,然后押赴刑场,这样不就很快解决了吗?为什么他还要费那么多功夫?

预设:为了将计就计,以免打草惊蛇。

（2）领悟妙计二：默读课文，学生交流，完善表格。

	找的"借口"	他的做法
1	新娘不漂亮	把巫婆扔进了漳河
2	巫婆不回来，催一催巫婆	把官绅头子扔进了漳河
3	巫婆和官绅头子不回来，催一催他们	假意要把其他官绅扔进漳河

讨论：西门豹惩治巫婆和官绅的办法妙在哪里？

预设：将计就计，让作恶之人尝到自己种下的恶果；让百姓亲眼看见巫婆的谎言被揭穿，用事实来破除百姓的迷信思想。

2. 探究西门豹的智慧从何而来。

预设：西门豹善于积累实践经验，懂得将计就计，足智多谋。

学习活动三："神人"背后的智慧

1. 了解扁鹊行为背后的思维过程。

（1）讨论：神医"神"在何处？

预设：扁鹊能准确地把握症状与病理之间的关联，所以他能远远地一看蔡桓侯的症状，就准确判断诊断，并找出诊疗方法。

（2）讨论：后人从蔡桓侯的死中可以得到什么教训？

预设：有病得及时医治，不能讳疾忌医；要正视自己的不足和缺点；要善于听取别人的建议。

（3）归纳总结，积累成语和俗语：

讳疾忌医　病入膏肓

防微杜渐　防患未然

小病不治，大病难医。

小洞不补成大洞，小错不改成大错。

2. 寻找纪昌行为背后的思维。

（1）讨论：神射手"神"在何处？

预设：百发百中，眼力超群，力大无穷……

（2）总结归纳，积累成语。

出示：百步穿杨、视小如大、百发百中、视微如著。

（3）讨论：纪昌为什么能成为神射手？学生交流，说说想法。

预设：纪昌有一位好老师，飞卫能清晰地认识到好眼力与百发百中之间的关联；纪昌能刻苦练习，只有练好基本功，练好眼力，才能真正成为一名神射手。

（4）总结归纳，积累俗语。

出示：万丈高楼平地起。

楼要建得高，根基要筑牢。

基础不牢，地动山摇。

板凳宁坐十年冷，文章不写一句空。

不积跬步，无以至千里；不积小流，无以成大海。

3.《扁鹊治病》和《纪昌学射》两个小故事里各有一个聪明人，一个是扁鹊，一个是飞卫，他们两个人有什么相同点？

预设：他们都能准确把握事物之间的关联。扁鹊能准确把握症状与病理之间的关联，所以才能成为神医；飞卫能准确把握练好眼力与成为神射手之间的关联，所以才能把纪昌教成百发百中的射箭能手。

任务三　学做智慧的人

学习情境：历史故事不仅仅是拿来读、拿来讲的，还可以拿来用。千百年前的古人的智慧，今天依然可以拿来借鉴。从历史故事中学会做人、学会做事。既可以做好自己，也可以帮助他人。让我们学习古人，学做智慧的人吧！

学习活动一：历史人物我来评

1. 填一填：根据示例，完成历史人物评价表。

历史人物我来评	
王戎	他因为_____，所以_____。他是一个_____的人。
西门豹	

历史人物我来评	
扁鹊	
飞卫	

2. 说一说：这四个故事给了你什么启发？

预设：要做一个聪明人，就要发现事情之间的因果关联，找到问题的最优解。

小结：所以我们在做事的时候，要想想你要得到什么果，就知道要种下什么因，就知道该如何去做事。在对一件事情的结果感到困惑时，去想想它的原因，你就会恍然大悟。

学习活动二：我是小小推理官

1. 阅读小古文《拔树凿井》。

伊犁①城中无井，皆出汲②于河。一佐领③曰："戈壁皆积沙无水，故草木不生。今城中多老树，苟④其下无水，树安得活？"乃拔木就根下凿井，果皆得泉。

注释：① 伊犁：今在新疆。② 汲：打水。③ 佐领：官名。④ 苟：如果。

（1）填一填：想一想文中"佐领"的思维逻辑，完成人物推理思维导图。

（2）说一说：这篇历史故事给你什么启示？

预设：一切事物都是有联系的，一切现象都是有原因的。树木之所以能生长，是因为其地下有水，拔树打井，就可获得甘泉。那些出城汲水者，就是没有看到树的存活与地下水的关联，而这位佐领懂得这个道理，并运用于实际，解决了问题。

2. 阅读小古文《执竿入城》。

（1）读一读：结合注释，阅读小古文《执竿入城》，你赞同"老父"的做法吗？

鲁有执①长竿入城门者,初竖执之,不可入,横执之,亦不可入,计②无所出。俄③有老父④至曰:"吾非圣人⑤,但⑥见事多矣,何不以锯⑦中截而入?"遂⑧依⑨而截之。

注释:①执:握,持。②计:方法,计策。③俄:一会儿。④老父(fǔ):老人。父,对老年男子的尊称。⑤圣人:具有最高智慧和道德的人。⑥但:只是,不过。⑦以锯:用锯子。⑧遂:于是,就。⑨依:按照。

(2)找办法:假如你是"执长竿者",你有什么好的办法入城呢?请简要写一写,也可以画图(画在框内)来辅助表达。

图	文
	_____
	_____
	_____
	_____

学习活动三:情景难题我来解

创设情境:四年级的小倩同学最近对弹钢琴很感兴趣,专门请老师教钢琴课,但是她学了好几个月,钢琴老师都不教她完整的钢琴曲,每天都是学认琴谱和练习指法,她有些不耐烦了。作为小倩的好朋友,她向你抱怨时,你该怎么劝说她呢?

1. 画一画:结合纪昌学射的过程,寻找老师不教完整钢琴曲背后的"因",画出劝说小倩的思维导图。

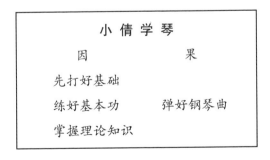

小 倩 学 琴

因　　　　　果

先打好基础

练好基本功　　弹好钢琴曲

掌握理论知识

2. 说一说：依照"小倩学琴"思维导图，劝说小倩。

小倩，我能理解你的心情。你想＿＿＿＿＿＿＿（果），就要＿＿＿＿＿＿＿（因）。这是弹好钢琴必须经历的哦！加油，好好练，我看好你哦！

（二）教学建议

1. 语言文字积累与梳理。思辨性阅读与表达是核心，但语言文字积累与梳理是每个单元的基础学习任务。（1）读通、读懂《王戎不取道旁李》：借助注释读懂课文，重点理解"竞走"和"信然"等难词，理解"之"字的不同意思；把握每句话的意思；把握句内停顿，读熟并背诵小古文。（2）会写常用字词，区分易错字词，查找重点词语，疏通课文内容。

2. 课时安排建议。"语言文字积累与梳理"3 课时，"任务一：讲好历史故事"3 课时，"任务二：学习人物智慧"3 课时，"任务三：学做智慧的人"2 课时。

3. 学习策略。（1）图像化策略。图像化策略是将历史故事情节用结构图的方式直观呈现的学习策略，有助于学生抓住故事的主要情节，把握故事的关键之处，为深入思考道理提供支架。采用"连环画""情节塔""故事单"三种工具，以形象化的方式阅读思辨性的故事。（2）句式导向策略。如用"如果……就……"的句式阐述道理。（3）生活化解读策略。古人的智慧熠熠生辉，学生应引以为鉴，从生活实际出发，作出自己的分析与是非判断，找到解决问题的正确方法。（4）情景创设策略：在真实的生活情境中，作批判性思考，作出理想的推理，可以有力地培养学生的批判性思维和求真精神。

- ➡ 五、练习与测评 -

（一）基础性作业

1. 按课文内容填空。

王戎七岁，＿＿＿＿＿＿＿＿。＿＿＿＿＿＿＿＿＿＿＿＿，诸儿竞走取之，唯戎不动。人问之，答曰："＿＿＿＿＿＿＿＿，＿＿＿＿＿＿＿。"取之，信然。

2. 对比古今义。

古　　　　　　　今

尝：_____　　_____

走：_____　　_____

然：_____　　_____

3. 看拼音写词语。

战国时期,魏王 pài(　　)xī mén bào(　　　　)去管理邺这个地方。漳河年年闹 shuǐ zāi(　　　　),地方上的官绅每年都硬逼着老百姓出钱给河神 qǔ xí fù(　　　　)。西门豹巧施妙计,吓得官绅提心吊胆,都跪下来 qiú ráo (　　　)。

4. 给加点字选择正确的读音。

淌血(tāng tǎng)　　开凿(záo zháo)　　骨髓(suí suǐ)

纪昌(jǐ jì)　　拴住(suān shuān)　　圆锥(zuī zhuī)

(二) 拓展性作业

在战国时,魏文侯和一群士大夫在闲谈。魏文侯问他们:"你们看我是怎样的一位国君?"大家都异口同声地答:"您是一位仁厚的国君。"问到翟黄,翟黄却答:"你不是一位仁厚的国君。"魏文侯听了,脸色一变,再问:"何以见得?"翟黄答:"你攻得了中山之地,不拿来封给兄弟,却封给长子,太自私了,所以我说你不仁厚。"魏文侯恼羞成怒,把他赶了出去,还说要杀他。这时翟黄的好友任痤想了个办法……

任痤也和西门豹一样,采用"顺水推舟,将计就计"之策,他会顺着谁的话说下去? 具体说了什么呢?

第九讲 借物传情达意

——统编教材五年级上册第一单元"思辨性阅读与表达"
学习任务群设计

➡ 一、主题与内容

（一）主题的确立

统编教材五年级上册第一单元为散文单元。《白鹭》《桂花雨》借物抒发了自己的情感，《落花生》《珍珠鸟》借物传达了深刻的道理，我们根据这些文本"借物传情达意"的特点，设计了"借物传情达意"这一学习主题。

一是从生活角度来看，"借物传情达意"是自我表达与人际交往的需要。在表达自己情感或阐释某个道理的时候，有时需要简明、清晰的直接表达，但不适合直接言说的时候，学生需要掌握另外的表达方式——借物表达。"借物表达"是一种智慧，让笔者的情慢慢流淌，浸润心灵；让听者自己去揣摩、自己去领悟。

二是从学科角度来看，本单元的学习既需要文学性阅读，又需要思辨性阅读。散文中的事物是作者眼中独特的事物，所以先要"比一比"，运用对比和类比的思维，发现作者笔下的事物与客观事物之间的差别；作者表面写事物，实则要表达情感、说清道理，所以还要"联一联"，运用联结的思维，发现物我之间的联系，建构"借物传情达意"的思维结构。

三是从学习角度来看，"借物传情达意"是一种从具象到抽象的思维过程。学生读到的是"物象"，是具体、可见、可感的；学生领会的是"情理"，是抽象、内隐、普遍的。学习"借物传情达意"的散文，先要在对比中发现事物的特点；再由物的特点关联到人的特点，找到相似处；最后提炼出事物里面藏着的情与理。

学习"借物传情达意",锤炼的不仅仅是文学修养,也将锻炼学生的抽象思维能力。

(二) 内容的归属

《义务教育语文课程标准(2022年版)》中第三学段的"思辨性阅读与表达"学习任务群包括三个方面的学习内容,其中一个内容是"阅读哲人故事、寓言故事、成语故事等,感受其中的智慧,学习其中的思维方法"。该学习内容旨在借助画思维导图、比较归因等支架,让学生把握"事物"和"情理"的关系,提高抽象思维能力。

五年级上册第一单元选编了一系列"借物传情达意"的散文,为建构"思辨性阅读与表达"学习任务群提供了丰富的学习资源。因此,本单元以"思辨性阅读与表达"学习任务群组织教学。

(三) 内容的组织

统编教材五年级上册第一单元编排了四篇优美的散文。《白鹭》《桂花雨》借物抒发了自己的情感,《落花生》《珍珠鸟》借物传达了深刻的道理;统编教材中还编排了寓言等不同体裁的文本,表达了同样的情感或阐述了类似的道理。这些故事为"思辨性阅读与表达"学习任务群的设计提供了丰富的学习资源。

➡ 二、目标与评价

教学目标	评价要求
能围绕同一种情感或道理整理学过的课文,在梳理、比较、归纳的过程中,明白不同体裁在传情达意上有不同的效果。	1. 能梳理学过的表达"做人要有真才实学"这一道理的文章,按照体裁分类有序罗列。 2. 能梳理学过的表达"思乡"这一情感的文章,按照体裁分类有序罗列。 3. 能通过比较,发现不同体裁表达同一主题的效果。

教学目标	评价要求
能在具体的文本情境学习中,借助结构图、思维导图等工具,运用类比、联结思维,发现"事物"和"情感道理"的关系,提高抽象思维能力,提升理性思维水平。	1. 能准确把握散文中事物的特点,领会作者要表达的情感道理。 2. 能借助结构图、思维导图、比较图发现作者"借物表情达意"的思维过程。 3. 能通过比较,用准确的语言说清"借物表情达意"的独特效果。
能在真实的生活情境中,根据对象和目的的不同,选择合适的方式表达自己的想法,提升表达与交际的能力。	1. 能按照表达内容,梳理各种表达方法,重编语文书。 2. 能根据表达内容和对象的不同,选用合适的方式,以"心愿卡"的形式呈现。 3. 能在真实情境中,有礼、有理、有度地表达自己的想法,感染人、打动人、改变人。

三、情境与任务

　　"借物传情达意"学习主题的关键词是"事物"和"思想感情",从事物中发现作者要表达的思想感情,或借用事物表达自己的思想感情。围绕"习"与"用",可以从不同角度创设不同的学习情境。一是课文分分类。学生经过四年的学习,已经学习了许多表达思想感情的文本,只是这样的学习散落在一篇篇文本、一句句俗语名言之中,难以让学生归纳出"传情达意"的方式,提升"表情达意"的能力。通过"分分类",整理出表达同一个道理、同一种情感的不同文本,从不同文本里发现不同的表达方式。二是借物说情思。不会表达思想感情的人只会直接说;善于表达的人会根据需要、场合借事说或借物说。像散文家一样思考,用普通的物说深刻的情理,更深刻、更适切。三是借物表心声。在真实的生活情境中,选用合适的方法,或直接说,或借事说,或借物说,恰如其分地表达自己的心声。在解决问题的过程中,提升学生的交际水平与理性思维能力。由此,我们针对"借物传情达意"的学习主题,围绕"事物"与"思想感情",设计了三个前后连贯的情境任务,建构了学习主题统领下的任务单元。

为了更好地完成三个学习任务,我们依据"教人做事"的实践逻辑,将情境任务作了活动分解,设计了结构化的活动链。

任务一:课文分分类。先阅读表达"做人要有真才实学"这一道理的三种语句或文本,了解直接说、用谜说、借事说理三种不同方式,回忆学过的课文继续梳理、比较同一个道理的不同表达方式,将学过的经验系统化整理。再阅读表达"思乡"这一思想感情的不同文本,感受同一种情感有不同的表达方式。在此基础上理解,无论是道理还是情感,都有多样的表达方式。

任务二:借物说情思。先熟读四篇课文《白鹭》《桂花雨》《落花生》和《珍珠鸟》,找到各自描写的事物及其特点,领会作者要表达的思想感情;再借助思维导图、比较图等工具,发现借别的事物进行对比、类比,可使要表达的情感或道理更为鲜明;最后通过与以往学习的体裁进行比较,发现"借物传情达意"的独特效果。

任务三:借物表心声。先按照主题的类别汇编同一主题的不同体裁的作品,梳理"传情达意"的方法;再根据对象和目的,选用合适的方法表达心声;最后在真实的生活情境中,有理有度地表达自己的思想感情,打动别人、改变别人。

三个学习任务围绕"借物传情达意"这个学习主题层层递进,前两个活动重在"认知",后一个活动重在"运用",实现"由知而能"的实践转化。

（一）活动设计

任务一　课文分分类

学习情境：一个道理，一种情感，往往藏在文字中。文字千变万化，也许是名言名句，也许是寓言故事，也许是古诗，也许是散文，但表达的却可能是同一个道理、同一种情感。聪明的你，能通过表面的文字，看到文字背后蕴藏的道理或情感吗？

学习活动一：一个道理，三种说法

1. 读一读，说说道理。阅读谚语、歇后语、寓言故事，找一找它们表达的道理是什么。

语句或篇目	类别	道理
智能之士，不学不成，不问不知。	谚语	
半天云里响鞭炮——放空炮	歇后语	
《滥竽充数》	寓言	

预设：

语句或篇目	类别	道理
智能之士，不学不成，不问不知。	谚语	只有不断学习、不断请教，才能学到真本领。
半天云里响鞭炮——放空炮	歇后语	要有真才实学，不能只会空谈说大话。
《滥竽充数》	寓言	做人要实事求是，要有真才实学。

2. 比一比。都是表达"做人要有真才实学"这一个道理,但它们分别是怎么说道理的? 有什么不同?

预设:谚语直接把道理讲出来了;歇后语先编了个谜,让读者猜一猜,然后通过谜底揭示道理;《滥竽充数》是寓言故事,讲了一个故事,让读者自己领悟道理。

3. 忆一忆。在我们学过的课文中,或者你听过的话语和故事中,哪些也是表达同一个道理的? 写在表格中。

道理	类别	学过的内容
	谚语	
	歇后语	
	寓言	

学习活动二:一种感情,三类表达

1. 忆一忆。童年是很多作家创作灵感的来源,回忆学过的课文、古诗等,有哪些作品描绘了童年的生活,追忆了童年的美好?

情感	体裁	篇目
追忆童年	诗歌	
	记叙文	
	散文	
	……	

预设:

情感	体裁	篇目
追忆童年	诗歌	《村居》《童年的水墨画》等
	记叙文	《牛和鹅》《陀螺》等

情感	体裁	篇目
追忆童年	散文	《肥皂泡》《走月亮》等
	……	……

2. 比一比。这些作品都描述了童年生活,但表达的方式有什么不一样呢?

预设:《村居》等诗歌通过一个个定格的画面,以点带面,表现了童年生活的美好;《牛和鹅》等记叙文,则在记叙事情的过程中,通过对人物动作、神态、语言等的刻画,表现了童年生活的美好;《肥皂泡》等散文借助事件、环境等含蓄地表达了内心的情感,借此反映了对童年美好生活的追忆和怀念。

3. 补一补。你还听过哪些表达同一种情感的古诗、故事、散文呢?

任务二　借物说情思

学习情境:一千个读者心中有一千个哈姆雷特,每一个作者笔下的事物跟客观事物也有不同之处。聪明的人有一双慧眼,能够透过表面的现象,发现事物的本质,找出如何借普通的事物表达自己的思想感情。

学习活动一:找找事物里的情与理

1. 读一读。读读《白鹭》《桂花雨》《落花生》《珍珠鸟》,找找课文描写的事物。

2. 列一列。读读课文,画出描写事物特点的句子,梳理出作者眼中的事物的特点,填一填。

课文	事物	特点
《白鹭》	白鹭	
《桂花雨》	桂花	

课文	事物	特点
《落花生》	花生	
《珍珠鸟》	珍珠鸟	

预设：

课文	事物	特点
《白鹭》	白鹭	美
《桂花雨》	桂花	香
《落花生》	花生	不好看，但有用。
《珍珠鸟》	珍珠鸟	因信赖我而变得胆大。

3. 议一议。小组讨论：作者为什么只写这个特点，每篇文章各要表达什么？

预设：《白鹭》要表达作者对白鹭的喜爱和赞美，所以专门写"美"这一特点；《桂花雨》要表达作者的思乡之情，而桂花香是最深刻的童年记忆，因此重点写；《落花生》要说明"要做对别人有用的人"这个道理，所以特别强调花生"不好看，但有用"这一特点；《珍珠鸟》一文中，珍珠鸟的变化，正是源于它对"我"的信赖。散文中事物的独特之处，与要表达的思想感情是有内在联系的，是一一对应的。

学习活动二：比比情更浓、理更清

1. 借"落花生"讲理。

（1）理一理。"议花生"的过程中父亲一共讲了四句话，读一读，"父亲"是如何给"我们"讲道理的？

提示：先讲什么，再讲什么，最后讲什么。

预设："父亲"没有直接讲道理，而是先讲了花生的可贵之处，讲的是"物"；再讲了人要像花生一样，讲的是"人"；最后讲了做人的道理，讲的是"理"。

（2）议一议。父亲讲理的高明之处不止一点，他找到了故事中"物、人、理"

的关联。读一读"议花生"的部分,想想父亲是用什么办法来说明道理的?

提示:关注课文中的关联词"……不像……""……像……""要……,不要……"

预设:

父亲讲了三次道理。第一次:将花生与桃子、石榴、苹果比,把花生不好看但有用的特点凸显了;第二次:让"我们"要像花生一样,从说物讲到了人,讲到了如何做人;第三次:让"我们"要做有用的人,不要做对别人没有好处的人,正反对比,道理就清楚了。

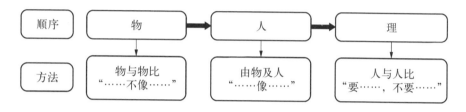

2. 借"珍珠鸟"讲理。

(1)填一填。熟读《珍珠鸟》,小组讨论:珍珠鸟活动的地方有什么变化?

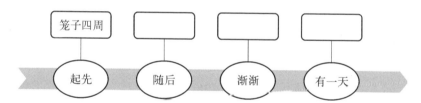

预设:"起先"只在笼子四周;"随后"就飞到屋里;"渐渐"地落到书桌上;"有一天"落到"我"的肩上。这些关键句说明珍珠鸟距离"我"越来越近。

(2)比一比:再读《珍珠鸟》,小组讨论珍珠鸟活动的方式有什么变化。

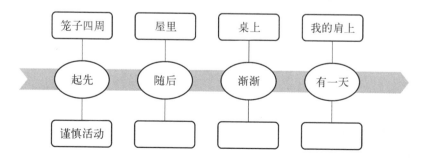

提示：关注课文中小珍珠鸟的动作。

预设：

屋里：飞来飞去、啄书背、撞灯绳等；

桌上：一点点挨近、蹦到杯子上、俯头喝茶、啄笔尖等；

我的肩上：睡着了。

这些关键词句说明小珍珠鸟和"我"越来越亲密，越来越信赖"我"了。

（3）议一议：珍珠鸟是一种怕人的鸟，但与"我"的相处过程中，它活动的地方离"我"越来越近，活动的方式也与"我"越来越亲密，胆子越来越大。珍珠鸟为什么能有这样大的变化呢？读一读"我"的行为，说一说发现。

预设：与"我"的行为有关，正是因为我"不管它""不伤害它""不动声色""生怕惊跑它"，才让小珍珠鸟获得了安全感；也与"我"的行为背后的态度有关："我"的一切行为，都源于"我"对小珍珠鸟的喜爱、关爱和保护。要从"我的表现"中，发现背后的本质。

（4）小结：作者把"信赖，往往能创造出美好的境界"这一抽象的道理，通过"人"的行为和"鸟"不同表现之间的关联，形象地呈现了出来。

3. 借"白鹭的美"表达情感。

（1）理一理。读读《白鹭》，说说白鹭美在哪里？

预设：白鹭美在外形，色素和身段都很适宜；白鹭美在姿态，水田钓鱼、独立绝顶、黄昏低飞各有各的姿态。

（2）议一议，白鹭其实是很普通的一种水鸟，外形普通，捕食、站立、飞翔也是鸟类常见的动作。作者是怎么把它写得与众不同的呢？

提示：关注课文中其他的事物。

预设1：作者除描写白鹭外形的美之外，还与白鹤、朱鹭、苍鹭进行了比较，突出了白鹭外形的恰到好处。

预设2：作者为写出白鹭姿态的美，借用了其他的事物来衬托，于是就像画一样生动了——白鹭加水田就成了一幅画；白鹭加树梢，就更显出白鹭的悠然轻盈；白鹭加黄昏，就多了一层意境。

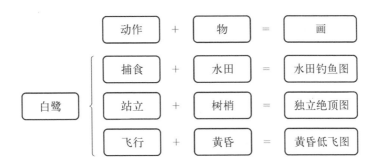

4. 借"桂花香"表达情感。

(1) 读一读，作者围绕桂花香，写了哪些事？填一填。

预设：

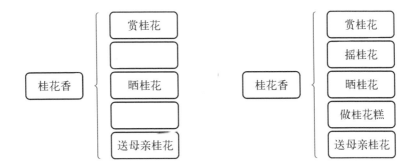

(2) 议论1：为什么母亲说杭州的桂花再香也比不上家乡院子里的桂花香？

预设：母亲比的不是花香，而是在比承载的情感与记忆。家乡院子里的桂花承载了孩子快乐的童年、一家人的幸福、温暖的乡里情，因此她觉得更香。

(3) 议论2：课文写的都是乐事，回忆这些事的时候，作者心里是"乐"的，还是"苦"的？

预设：琦君难以再回故乡，所以回忆的故乡事越乐，思乡的情就越浓，乡愁就越重。

5. 总结梳理：比较一下这几篇作品，它们在传情达意上有什么相同之处？

预设：都借物传情达意。《白鹭》写白鹭的美，表达了自己的喜爱之情；《桂花雨》借桂花香，表达了自己的思乡之情；《落花生》中，父亲借花生，给孩子们讲了一个人生道理；《珍珠鸟》借小珍珠鸟的表现，揭示了"信赖能创造美好"的道理。

这几篇散文都借用其他事物进行了对比衬托，从而顺畅地表情达意。《白鹭》中，将白鹭与白鹤等比、与歌比、与诗比；《桂花雨》中，将家乡院子里的桂花与杭州的桂花比；《落花生》里，父亲拿花生与苹果等比；《珍珠鸟》中，将小珍珠鸟前后的表现进行了对比。比一比，情更浓，理更清。

任务三　借物表心声

学习情境：翻开我们的语文书，有小说，有古诗，有散文，有说明文，它是我们学习语文最主要的工具，你想编一本专属于自己的语文书吗？这本专属的语文书可以是表达童年的快乐的，也可以是表现成长忧愁的，还可以是讲述道理、教人为人处世的。快动手做一做吧！

学习活动一：编一本自己的语文书

1. 理一理。选好几个主题，将学过的课文进行整理，把讲同一个道理的或表达同一种情感的放在一起，汇编成一个单元。

单元	主题	篇目
第一单元	……	……
第二单元	……	……
……	……	……

2. 补一补。除了学习过的，曾经在课外阅读中读过的作品，也可以添加到表格中，使得自己的语文书内容更加丰富。

学习活动二：用新的语文书说心声

1. 说一说。如果你有什么心声想要告诉大家或者特定的人，就在卡片上写下来，制成一张心声卡。

```
┌─────────────────────────────────────────────────────────┐
│                        心声卡                              │
│                                                            │
│          姓名：_____                              │
│                                                            │
│       我想说给_____听                             │
│                                                            │
│          我想说：                                          │
│ _____ │
└─────────────────────────────────────────────────────────┘
```

2. 想一想。我们都经常在生活中表达自己的观点和想法,但是同样的意思,有些人说了,对方就能接受,而有些人说了,对方却接受不了,这源于表达方式的不同。

心声类别	表达对象	表达方式
提建议	长辈/同学/老师	直接说/ 借助寓言故事/ 借助事物 ……
表达感谢	长辈/同学/老师	直接说/ 借助古诗/ 借助类比、对比 ……
……	……	……

3. 写一写。确定自己想表达的心声和对象,选择一种或多种表达方式,选择自己所编写的语文书的内容,写一份表达稿。

4. 读一读。将写好的表达稿读一读,注意语气、语调。

5. 说一说。把心声讲给别人听,争取打动别人。

(二)教学建议

1. 语言文字积累与梳理。思辨性阅读与表达是核心,但语言文字积累与梳理是每个单元的基础学习任务。(1)关于识字。坚持集中识字和随文识字有机结合。首先,在初读时,选择重点的字、词、句等组块出示,集中学习。然后在学习课文时渗透多种方法开展随文识字,比如有的是动词,和农活有关,如播种、浇水、榨油等；有的是名词，要注意写法与读音，如白鹤、镜匣、糕饼、茶叶；还有些表示时间的词，如清晨、黄昏、深夜等。（2）关于写字。三篇精读课文中的写字教学任务较多，书写指导时应分类指导。比如写好左窄右宽的字：嫌、框、哨、播、浇、吩、咐、榨、矮、懂、糕、饼、浸、捡；比如写好易错字：嫌、慕、浇。（3）关于朗读。本单元的朗读重点是就着画面读，带着情感读。本单元多为散文，教师需要引导学生想象画面，进入情境，关注词句的轻重缓急，读出自己理解和体会到的情感。还可以借助图画、文字、视频等资料，帮助学生内化对散文的理解，感受独特的情思。

2. 课时安排建议。"语言文字积累与梳理"3课时，"任务一：课文分分类"2课时，"任务二：借物说情思"3课时，"任务三：借物表心声"2课时。

3. 学习策略。（1）关键词提取策略。阅读的诀窍，就是抓住课文中的关键词，思考句子的具体含义以及前后之间的逻辑关系。学生在体会四篇散文中的思想感情时，可通过摘录关键词句，厘清对比、类比两种方式，找到表达思想感情的方式。（2）联结策略。作者表面说事物，描写其特点，实则要表达情感、说清道理。因此学习时还要运用联结的思维，由物的特点关联到人的特点，发现物我之间的联系，找到相似处，最后提取出事物里面藏着的情与理，发展从具象到抽象的思维能力，生成"借物传情达意"的思维结构。（3）迁移策略。单元中的四篇散文是"借物传情达意"的典型作品，也是学生学习的模板。生活中也常有需要表达自己情感或表达某个道理的时候，有的场合需要简明、清晰的直接表达；但是有的场合不适合直接言说，此时需要掌握另外的表达方法——借物表达。"借物表达"是一种智慧，是思辨性思维的体现。

━━━━━━━━━━━━ ❙ 五、练习与测评 ━━━━━━━━━━━━

（一）单元练习

1. 阅读《白鹭》，完成练习。

（1）看拼音写词语。

　　　　shì yí　　　　　　yōu rán　　　　　ēn huì　　　　　yùn wèi
　　（　　　　）　　　（　　　　　）　　　（　　　　　）　　（　　　　　）

（2）根据课文内容填空。

那雪白的蓑毛,那_____,那铁色的长喙,那青色的脚,_____

____,_____,_____。

（3）写出加点词的近义词。

色素的配合,身段的大小,一切都很适宜。　　　　　　　　　　　（　　　　）

白鹤太大而嫌生硬,即使如粉红的朱鹭或灰色的苍鹭,也觉得大了一些,而
且太不寻常了。　　　　　　　　　　　　　　　　　　　　　　　（　　　　）

每每看见它孤独地站立于小树的绝顶,看来像是不安稳,而它却很悠然。
　　　　　　　　　　　　　　　　　　　　　　　　　　　　　　（　　　　）

（二）单元测评

1. 你能猜出说话人的意思吗?

有一天,一位年轻的作者来到某编辑部,递上自己的作品。编辑看了作品以后问他:"这篇小说是你自己写的?"

"是我自己写的。"年轻人答道,"我构思了一个多月的时间,整整坐了两天才写出来的,写作真苦!"

"啊,伟大的契诃夫先生,您什么时候复活了啊!"编辑大发感慨。

听了编辑的话,年轻人赶紧悄悄地离开了编辑部。

编辑想表达的意思是:_____

2. 小明做事热情,速度很快,但是有时比较急躁,缺乏耐心,容易放弃,导致做事情只做一半。请你给小明写一封建议信,提醒小明能够在做事情前多思考,做事情时更有耐心。

温馨提示:可以选用下面的句子,用上合适的表达方式。

《道德经》上说:"静为躁君。"《大学》里讲:"静而后能安,安而后能虑,虑而后能得。"

第十讲　民间故事里的善恶因果

——统编教材五年级上册第三单元"思辨性阅读与表达"
学习任务群设计

➡ 一、主题与内容

（一）主题的确立

统编教材五年级上册第三单元为民间故事单元。我们根据民间故事的文体特点，设计了"民间故事里的善恶因果"这一学习主题。

一是从生活角度看，"惩恶扬善"的民间故事，是学生健全人格的催化剂。民间故事的主题多表达对美好生活的追求、对善良机智的赞美，对愚蠢邪恶的讽刺，因此"惩恶扬善"是民间故事的主旋律。学生阅读民间故事，能体悟故事中传递的"真善美"，涵养自己的精神世界，塑造自身的健全人格，形成对事对物、对人对己的正确态度与积极阳光的生活状态。

二是从学科角度看，从多个民间故事中提炼共性的故事结构，是一种思辨性阅读。民间故事具有显著的类型化倾向，在具体故事内容上千差万别，但是同一主题的故事的基本要素、故事框架是相近的。聪明的阅读者能从具体故事中提炼出类型化的故事结构，达到读透一文，学会一类的效果；善言的讲述者能借助类型化的结构讲述、创编民间故事，实现从"学习者"到"创作者"的转变。

三是从学习角度看，探究故事里善恶因果的过程，是发现联系、提炼归纳的理性思维过程。就单个故事而言，故事框架是外显的形式，将多个情节串联起来的是故事内在的因果线，浅显的故事因果一一对应，复杂的故事可能多因导致一个结果或一因产生多个结果。就故事主旨而言，"善有善报，恶有恶报"，善恶与结局之间也存在着因果关联。民间故事中，同一个主题的故事往往用相似的基本要素和故事框架呈现善恶与结局的因果关联，因此阅读时需将多个故事进行对照。因此，探秘民间故事首先需要联结前后情节，发现因果关系；而后借助归纳思维，由个而类。整个过程，考验的是学生的抽象能力和逻辑思维能力。

（二）内容的归属

《义务教育语文课程标准（2022 年版）》中第三学段的"思辨性阅读与表达"学习任务群包括四个方面的学习内容，其中一项内容是"阅读哲人故事、寓言故事、成语故事等，感受其中的智慧，学习其中的思维方法"。这项学习内容旨在让学生通过画情节图和思维导图等方式，把握故事结构，领会内在逻辑关系，顺畅地讲述故事，提高逻辑思维能力，培养深刻、灵活的思维。

五年级上册第三单元选编了一系列生动有趣的民间故事，为建构"思辨性阅读与表达"学习任务群提供了丰富的学习资源。因此，本单元以"思辨性阅读与表达"学习任务群组织教学。

（三）内容的组织

统编教材五年级上册第三单元编排的是民间故事，选编了《猎人海力布》《牛郎织女》两篇中国民间故事；"快乐读书吧"中还选入了《田螺姑娘》（片段），提及了《梁山伯与祝英台》《八仙过海》和国外的民间故事。这些故事为"思辨性阅读与表达"学习任务群的设计提供了丰富的学习资源。

------------------------- ➡ 二、目标与评价 -------------------------

教学目标	评价要求
能以探究的态度重新阅读民间故事，感受故事中蕴藏的真善美，保持积极理性的生活心态，并乐于与他人分享故事。	1. 能根据不同的标准，整理自己知道的民间故事。 2. 能体悟故事中的美好，洗涤自己的心灵，保持积极的生活态度。 3. 能够积极主动地与他人分享自己了解的民间故事。

教学目标	评价要求
能在具体的故事学习中，借助情节图、事件图谱等，把握故事内部的因果关系，深化思维，提升关联能力。	1. 能利用人物、时间等要素概述故事情节。 2. 能发现情节之间的因果关系。 3. 能借助表示因果关系的关联词，根据情节图和事件图谱，完整、有条理地讲述故事。
能通过类比，发现同类故事的原型结构；对比不同故事中的人物命运，发现善恶与结果之间的因果关系，提高解读能力。	1. 能发现宝物类民间故事的原型结构。 2. 能发现爱情类民间故事的原型结构。 3. 能关注人物命运，发现善恶与结果的因果关系，领会民间故事要表达的主旨。
能在真实的学习情境中，借助故事的常见结构创编新时代民间故事，根据因果关联，推测故事发展，提升思维的逻辑性和表达的准确性。	1. 能根据宝物类故事的常见结构，创编新时代宝物类民间故事。 2. 能排演新编的民间故事，在排演的过程中，提高自己的表达能力和表现水平。

➡ 三、情境与任务

　　"民间故事里的善恶因果"学习主题的关键词是"因果"，应引导学生在阅读民间故事的过程中，发现故事背后的因果关系。紧扣"因果"，我们可以从不同角度创设不同的学习情境。一是讲故事的小达人。民间故事本就是口耳相传的，"讲"是其极为重要的传承手段，以"故事里的情节因果"为情境任务，组织学生读民间故事，借助故事的情节图、人物关系图等把握情节之间的因果关系，把听过的民间故事有条理、有逻辑地分享给他人，做一个会讲故事的小达人。二是故事原型与主题的探秘者。民间故事口耳相传的特性，使得故事内部的情节相对简明、逻辑关系更加清晰，同时同主题的民间故事在结构上也有诸多共性。以"故事里的善恶因果"为情境任务，就是要学生像作家一样思考，通过探究发现不同故事内在的相似结构，把握善恶与结果之间的因果关系，提升学生透过表象发现本质的理性思维水平。三是新故事的创造者。借助故事的常见结构，创编适合这个时代的民间故事,讲好这个时代的生活,让"旧"的故事结构焕发"新"的活力。以"新时代的民间故事"为情境任务,学生在设定主题、设计情节、塑造人物的过程中,将自己对"真善美"的理解以故事的形式表达出来,既是对逻辑思维的一次训练,也是对心灵世界的一次修炼。由此,针对"民间故事里的善恶因果"学习主题,我们围绕"探秘",设计了三个前后连贯的情境任务,建构了学习主题统领下的任务单元(见下图)。

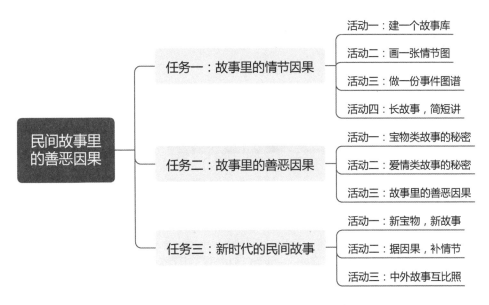

为了更好地完成三个学习任务,我们依据"教人做事"的实践逻辑,将情境任务作了分解,设计了结构化的活动链。

任务一:故事里的情节因果。先了解同学们已经听过的民间故事,通过分类形成对民间故事的基本认知;然后选择课文中的民间故事,在读熟的基础上,梳理出故事中的情节图等,从而讲好故事;最后借助情节的因果关系,缩写民间故事,达到简短讲长故事的目的。

任务二:故事里的善恶因果。按照不同主题,分类探索好故事的秘密。先聚焦宝物类民间故事,围绕"宝物"探索这类民间故事创作的秘密;再聚焦爱情类民间故事,围绕"身份"探索这类民间故事创作的秘密;最后通过对不同类型故事中人物性格、命运的比较,发现人物善恶与结局之间的因果关系,深刻领会民间故事所要表达的主旨。

任务三：新时代的民间故事。结合当下的时代背景，想象出一种新的宝物，进而创编一个新的宝物类故事；然后读一个故事的前半部分，根据善恶与结果的因果关系，推测故事情节的发展，养成在阅读时有理据地进行预测的好习惯；最后，拓展阅读外国民间故事，并与中国民间故事比较异同，从而对民间故事形成更全面的认识。

三个学习任务围绕"民间故事里的善恶因果"这个学习主题层层递进，从"讲、议、用"三个层次去探究与实践；同一任务中的多项学习活动相互关联、逐层深化，从阅读到表达，从讲述故事，到探索结构，再到创编故事，带领学生在学习民间故事中提升思辨性阅读与表达的能力。

四、活动与建议

（一）活动设计

任务一　故事里的情节因果

学习情境：民间故事大都以口头形式传播。长长的故事，讲故事的人为什么能讲得出，听故事的人为什么能记得住？把你听过的民间故事讲给别人听，看看你能不能记得住、讲得清。

学习活动一：建一个故事库

1. 说一说你听过的民间故事，再听一听其他同学听过的民间故事。

2. 查一查：收集和了解更多的民间故事。

提示：全班可以分小组，小组合作进行；也可以去图书馆借阅民间故事类的书籍；还可以借助网络进行检索。

3. 理一理：按照一定的标准，把收集到的民间故事归类整理，在班级里建一个民间故事库，全班共享。

提示：可以全班商议，确定一个分类标准，然后再进行整理。

预设：可以按是否是中国的故事分，如分为中国民间故事、外国民间故事；也可以按照故事的主题来分，如爱情类民间故事、公案类民间故事等。

学习活动二：画一张情节图

1. 读一读：熟读故事《猎人海力布》，抓住人物的心情，读出人物说话时的语气和语态，与同学合作，分角色朗读故事。

2. 画故事情节图：读一读，想一想故事里猎人海力布做了哪些事情，用简洁的话说一说，完成故事情节图。

提示：根据地点和人物的不同，为故事分段。

预设：见下图

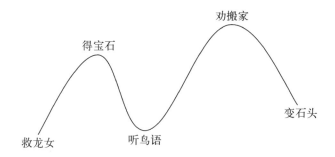

3. 议一议：海力布做的这几件事之间有什么关系，小组讨论，说说发现。

预设：事情与事情之间存在因果关系，前一个事件是因，后一个事件是果，事与事之间环环相扣，故事就前后连贯了。

4. 讲故事：借助故事的情节图，简要讲一讲猎人海力布的故事。

提示：根据事件之间的因果关系，用上"因为……所以……"等表示因果关系的关联词来讲故事。

预设：因为海力布打猎时救了小龙女，所以小龙女为了报答海力布，就让龙王把一颗能让拥有者听懂动物语言的宝石送给了海力布；因为海力布得到了宝石，所以才从鸟的议论中得知，洪水将要到来；因为海力布得知了洪水将要到来的消息，所以他就劝乡亲们搬家；因为乡亲们不相信海力布说的，海力布只好说出真相，所以最后他变成了石头。

学习活动三：做一份事件图谱

1. 读一读。熟读故事《牛郎织女》，说说牛郎、织女、哥嫂、老牛、王母之间分别是什么关系?

2. 填一填。这些人物,两两之间分别发生了哪些事情,一边读故事,一边把人物之间的发生的事情填写到人物事件图谱里。

提示:抓住关键动词,或借用故事中的语句来概括。

预设:人物事件图谱

3. 理一理,讲一讲。给这些事件依次标上时间,然后借助事件图谱讲一讲牛郎织女的故事。

提示:先圈出课文中表示时间的词语,再排序;讲故事时,需用上这些表示时间的词语。

4. 议一议,再讲故事。这些事发生的时间不同,地点不同,其中的人物不同,这些事件之间存在什么关系? 你能根据事件之间的关系,再讲一讲故事吗?

提示:事件之间同样存在因果关系,但因果并非一一对应,可能一个因产生多个结果,如牛郎对老牛照顾周到,老牛才会透露消息,才会留下牛皮;同样,一个结果也有可能是多个原因造成的。讨论时,要让学生发现因果之间的多种对应关系。

预设:按照时间顺序,用上"因为……所以……"有序讲述故事。

学习活动四:长故事,简短讲

1. 说说方法。民间故事大多比较长,有时候需要讲得简练一些,需要缩写故事,请同学之间相互说一说有什么好办法。

预设:摘抄关键语句,删去无关紧要的语句;提炼主要信息,概括主要内容;借用表示因果关系的关联词,讲通顺、讲连贯。

2. 试一试。缩写《猎人海力布》,然后把自己缩写的故事讲给同学们听,并根据同学们的意见进行修改。

提示：评价的时候主要从故事内容是否完整、情节是否连贯、语句是否通顺三个方面着手。

3. 练一练。挑选班级"故事库"里的民间故事，尝试缩写故事。班级评比，给每个故事评选最优缩写版本，收录到班级"故事库"中，作为这一民间故事的简介。

任务二　故事里的善恶因果

学习情境：一般的人读民间故事，看到的是一个一个具体的故事，每个故事都不一样；聪明的读者，能从一个个不同的故事里发现相似的故事结构，他们不仅能讲好故事，还知道好故事是怎么创造出来的。你知道其中的秘密吗？让我们一起读，一起想，一起探索好故事的秘密吧！

学习活动一：宝物类故事的秘密

1. 梳理一下民间故事里的宝物。回忆读过的、听过的民间故事，哪些故事里有神奇的宝物？它们各有什么功能？填一填表格。

故事	宝物	功能
《猎人海力布》	宝石	能让持有者听懂动物的话，但是一说出去持有者就会变成石头。
《聚宝盆》	聚宝盆	能把放进去的东西变成一盆。
……	……	……

2. 比一比：读读这些故事，其中的宝物不一样，宝物的功能不一样，但是这些故事都围绕宝物写了相似的内容，请同学们找出并填在下面的故事结构图里。

提示：想想这些故事里的人物是怎么得到宝物的？宝物各有什么功能？得到宝物后，人物的生活发生了什么变化？

预设:

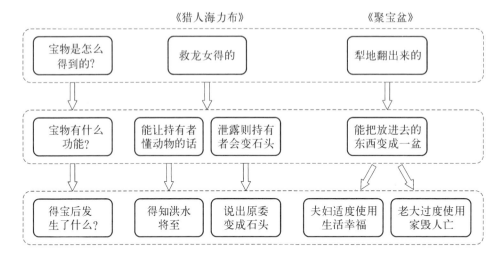

3. 议一议:小组讨论,说说宝物类民间故事是怎么创作出来的,有哪些秘密。

预设:这类故事是类型化的,是有相似的故事结构。

(1) 故事结构相似:先写得宝过程,再写宝物功能,最后写得宝后发生的故事。

(2) 得宝的经历都有些出人意料。

(3) 宝物往往既有好的一面,又有坏的一面,得宝后的故事,就是根据宝物好坏两面的特点而展开的。

学习活动二:爱情类故事的秘密

1. 说说男女主人公的身份。回忆读过的、听过的民间爱情故事,关注男女主人公的身份,填入表格,说说你的发现。

故事	男主人公		女主人公	
	姓名	身份	姓名	身份
《牛郎织女》	牛郎	苦命的凡人	织女	天上的仙女
《天仙配》	董永	穷苦的凡人	小仙女	玉帝的女儿
……	……	……	……	……

2. 读一读《牛郎织女》和《天仙配》。想一想：一个是天上的神仙，一个是地上的凡人，他们如何相识相知的？是谁在幕后把两人推到了一起？用了什么办法？

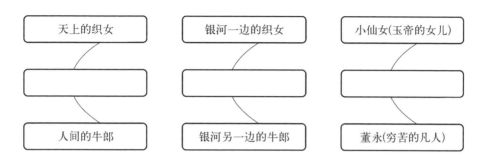

预设：原本天差地别的牛郎织女，因为有了老牛、喜鹊的帮助，才能相识结婚，才能每年相见。原本地位悬殊的董永和小仙女，因为有了老树精做媒，最后相识成婚。

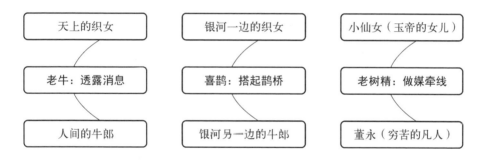

3. 读一读《孟姜女哭长城》等其他爱情类民间故事。有的故事里，两人顺利相识并结婚，故事起初很平淡。平淡的故事是怎么产生波澜，变得紧张、生动起来的呢？读一读，小组讨论一下。

预设：男女主人公相识相知顺利的民间爱情故事中，在两人成婚之后往往会经历许多磨难，比如孟姜女的丈夫修长城累死等。

4. 议一议：小组讨论，说说爱情类民间故事是怎么创作出来的，有哪些秘密。

预设：这类故事是类型化的，是有固定结构的。

（1）男女主人公的身份相差悬殊。

（2）会有贵人相助，使他们相识相知；或者起初平静的生活会被一波一波的磨难打破。

学习活动三：故事里的善恶因果

1.《牛郎织女》的故事里，人们为什么想尽办法让一位凡人与仙女成婚，凡人与凡人成婚、仙人与仙人成婚不好吗？

提示：关注人物的性格、身世，想一想这与结果之间的关系。

预设：牛郎勤奋老实，但身世悲惨；织女虽是王母娘娘的外孙女，但并不自由。正所谓"好人有好报"，因此人们才会安排老牛和喜鹊两个角色，让善良的人尽可能获得美好的结果。人的善恶与最后的结局存在着因果关系，这也是古代劳动人民最朴素道德观的体现。

2. 读一读《猎人海力布》的结尾，议一议：人们为什么不设计一个圆满的结局，让石头变回猎人海力布呢？

提示：从宝物类故事宝物的特点和读者的阅读感受角度思考。

预设：宝物类民间故事的特点之一就是宝物本身不变，因此海力布把听到的消息讲出来之后，结果就不可改变了。海力布是善良的，他宁可牺牲自己，也要救乡亲们，因此，极其善良的海力布化为石头的结局，更加冲击着读者的内心，更显得这份善良难能可贵。

3. 总结：民间故事有类型化倾向，不同主题各有各的常见结构，故事情节反映的是古代人民的朴素道德观。

任务三　新时代的民间故事

学习情境：故事是用来讲的。古代劳动人民创作了一个个生动感人的民间故事，反映了百姓美好的愿望，表达了自己对生活、对未来的期许。时代在变迁，今天的生活不似古代，我们会有新的愿望、新的期许，你能创作一个当代的民间故事，讲述当代人的生活吗？

学习活动一：新宝物，新故事

1. 选主题：说说你心中的美好愿望、想要歌颂的美德或者想要讽刺的丑恶现象，与同学们交流，最后确定自己创编的故事的主题。

2. 设计故事结构：根据宝物类故事的结构，围绕主题，设计新的宝物，并完善故事结构图。

提示：宝物的功能往往具有两面性，宝物的功能和后续的故事发展是有联系的。

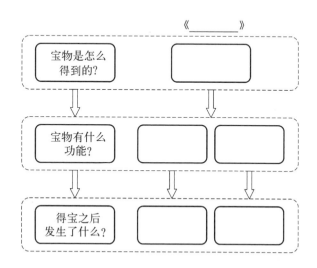

3. 编故事：根据故事典型结构，将整个故事的来龙去脉写下来。

提示：语言要通俗易懂，要考虑到口耳相传的需要，可以多采用工整的语言来表达。

4. 讲一讲：把自己编好的故事，讲给别人听；根据别人的反馈，进一步修改自己的故事。

5. 汇编：把同学们新编的故事，按照门类汇编进班级的"民间故事库"里。

学习活动二：据因果，补情节

1. 读一读民间故事《丑女救父》的开头，说说赵员外家两个女儿的不同特点。

预设：一个女儿美丽，但是并没有本事；一个女儿丑陋，但是学了很多本领。

2. 补情节。因为交不出桃子，赵员外一家都遭了难。请同学们根据了解的故事典型结构和善恶与结果的因果关系，预测接下去的故事。

提示1：根据善恶与结果的因果关系，预测故事的结局；关注丑女讲的话，从丑女的言行、性格推测丑女的做法。

提示2：先预测情节，把情节结构图完成，再补写具体的故事。

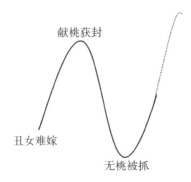

3. 交流。把自己续编的故事讲给同学们听，相互之间提修改意见。

4. 读一读原文，进行对比，看看自己有哪些地方跟原文相近；不同的地方，联系上文想一想哪种更合理。

学习活动三：中外故事互比照

1. 读读外国民间故事。去图书馆或借助网络，读一读外国的民间故事，读到特别经典的可以讲给同学们听一听。

2. 比一比。读一读外国宝物类或爱情类民间故事，与中国的同类民间故事比一比，找出两者的共同点，把你的发现填在下图中。

	中国民间故事	外国民间故事
相同	① 都是＿＿＿＿＿＿＿＿＿＿＿＿ ② 都是＿＿＿＿＿＿＿＿＿＿＿＿ ③ ……	
不同	① 中国是＿＿＿＿＿＿ ② 中国是＿＿＿＿＿＿ ③ ……	① 外国是＿＿＿＿＿＿ ② 外国是＿＿＿＿＿＿ ③ ……

3. 探究。为什么不同的地区的同一主题的故事，会有这么多的不同？凡事皆有原因，有兴趣的同学可以继续展开研究。

（二）教学建议

1. 语言文字积累与梳理。思辨性阅读与表达是核心，但语言文字积累与梳理是每个单元的基础学习任务。（1）通读《猎人海力布》《牛郎织女》，做到读通顺、读流利，把握课文中生字词的读音。（2）分类积累词语，例如故事中出现的人物名字或称呼，如"牛郎、爹爹、哥嫂、妻子"等，或表现人物心情的词，如"焦急、后悔、悲痛"等，分类识记既能增强记忆，又能帮助学生厘清人物关系，了解人物形象，理解和把握故事。（3）积累同一结构的词句：在概括情节的时候，多采用动宾结构的短语，如"酬谢海力布、劝百姓"等；文中对称的语句可以适当进行摘抄。（4）注重日常积累，如故事中出现的四字词语："相依为命、再三叮嘱、无拘无束"等。

2. 课时安排建议。"语言文字积累与梳理"3课时，"任务一：故事里的情节因果"3课时，"任务二：故事里的善恶因果"3课时，"任务三：新时代的民间故事"3课时。

3. 学习策略。（1）图像化策略。图像化是将民间故事情节用结构图的形式直观呈现的学习策略，有助于学生抓住故事的主要情节，把握故事的关键之处，为厘清情节之间的内在逻辑关系打好基础。我们根据不同的民间故事，选用了"情节图"和"事件图谱"两种工具。《猎人海力布》人物关系简明，是单线情节结构，故选"情节图"，用一根线就能把握故事的来龙去脉；《牛郎织女》人物错综复杂，所以选择"事件图谱"，让人物关系一目了然。（2）角色代入策略。在真实的情境中，每个人都有特定的身份或角色，也有特定的责任与任务。在任务一中，学生扮演的是讲故事的角色，需要通过读故事、把握结构，进而很好地完成讲故事的任务；在任务二中，学生扮演的是探索者的角色，要从多篇课文中发现文本的相似之处，这需要学生在合作中不断交流、提炼、总结，才能胜任这一角色；在任务三中，学生扮演的是创造者的角色，要根据目标任务，自主创编故事。有了具体的角色定位，学生就有了具体的学习任务，也就有了学习的内驱力。（3）关键词提取策略。围绕问题边读边思，是有效阅读的基本方式。民间故事的篇幅普遍较长，每一次都逐字逐句仔细阅读显然是不合适的，因此在阅读中需要抓住课文中的关键词句，概括关键情节，把长文读短；同时还要思考关键词句在句子中的具体含义以及前后之间的因果关系。比如"牛郎照顾老牛很周到"，"周到"具体表现在哪里，需要抓关键词进一步体会；"从此""原来"等连接词，则提示了我们前后语段之间的关联。把握这些关键词，就能更准确地把握情节之间的关系，从而更好地发展学生的理性思维。

（一）单元练习

1. 阅读本单元课文,完成练习。

（1）看拼音写词语。

dīng zhǔ	hòu tuǐ	shā yī	jié hūn	qī zǐ
（　　）	（　　）	（　　）	（　　）	（　　）

（2）用"√"选择正确的读音。

落(là luò)后边　　挨(āi ái)近　　咧(liě liè)开嘴　　拗(ào niù)不过

2. 给加点字选择正确的解释(填序号)。

号:① 标志;② 排定的次序或等级;③ 拖长声音大声呼喊;④ 号令,命令。

去医院看病首先要排队挂号。　　　　　　　　　　　　　　（　　）

他在回去的路上做了许多记号。　　　　　　　　　　　　　（　　）

士兵们听着军官发号施令,在广场上往返操练。　　　　　　（　　）

他们走在路上,忽然乌云密布,狂风怒号,接着就是倾盆大雨。　（　　）

3. 把下面的句子改成转述句。

一天,牛郎去喂牛,衰老的老牛说:"我死后,你把我的皮留着,碰上紧急事,就披上我的皮……"

（二）单元测评

阅读《嫦娥奔月》,完成练习。

1. 给加点的词语选择正确的解释。

（1）嫦娥机智地与逢蒙周旋。　　　　　　　　　　　　　　（　　）

A. 回旋,盘旋　　　　　　　B. 交际应酬,打交道

C. 与敌人较量,相机进退

（2）圆圆的月亮上树影婆娑。　　　　　　　　　　　　　　（　　）

A. 盘旋舞动的样子   B. 枝叶扶疏的样子

C. 眼泪下滴的样子

2. 故事是由人物所做的事串联起来的,请仿照例子,概括主要人物所做的事。

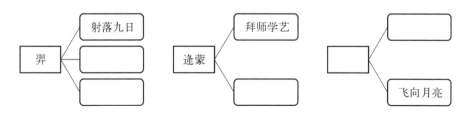

3. 缩写第五自然段的情节,字数不超过 30 字。

_____

_____

_____

4. 如果逢蒙偷吃了仙丹,故事会有什么不一样? 请你选择适合民间故事的结构,改编故事。

第十一讲　打开思维的暗箱

——统编教材五年级下册第六单元"思辨性阅读与表达"
学习任务群设计

➡ 一、主题与内容

（一）主题的确立

统编教材五年级下册第六单元以"思维的火花"为主题,选编了三篇课文:成语故事《自相矛盾》、历史故事《田忌赛马》、外国小说《跳水》。学生阅读这三个故事,重在发现故事中"聪明人"的思维方式,明白故事要讲明的道理。因此,我们给本单元设计了"打开思维的暗箱"这一学习主题。

一是从生活角度来看,"打开思维的暗箱"是一种智慧性活动。三个故事都源于生活,聪明的主人公用自己的聪明才智解决了生活中的难题,这是一种生活的智慧。在读故事的过程中,让学生自己去揣摩,自己去领悟该如何做一个"聪明人",让学生在独特的精神世界里,成为发现者、研究者、探索者。

二是从学科角度来看,"打开思维的暗箱"是一种思辨性阅读。本单元的三篇课文皆是叙事性作品,无论是成语故事还是小说,都是虚构的,源自生活却高于生活。作者用一个个故事描绘了一个个"聪明人",通过阅读,学生在赞叹这些"聪明人"的聪明做法外,更应去探索做法背后人物的思维过程,从细节入手,在对比、推理中探索做法"妙"在何处,思考智慧的根源,养成凡事多问"为什么"的习惯,在阅读和思考中获得启迪,培养深刻、灵活的思维品质。

三是从学习角度来看,"打开思维的暗箱"可以让学生学习从不同的角度思考、看待、解决问题。《田忌赛马》中的孙膑和《跳水》中的船长的思维都属于打破常规的破局思维,可以从正面启迪学生感受创造性思维的魅力;《自相矛盾》中的楚人思维前后矛盾,可以从反面教育学生在思考问题时如何避免出现逻辑上的矛盾。三个故事中人物的思维过程都值得回味,还可以借助从"特殊"到"一般"的归纳思维,推理出更具普遍意义的人生哲理,学习聪明人的思维方式,培养学生的逻辑和推理能力,锤炼学生的理性表达能力,发展批判性思维。

(二)内容的归属

《义务教育语文课程标准(2022年版)》中第三学段的"思辨性阅读与表达"学习任务群包括四个方面的学习内容,其中一项内容是"阅读哲人故事、寓言故事、成语故事等,感受其中的智慧,学习其中的思维方法"。这一学习内容旨在通过阅读故事,不仅了解故事内容,更通过故事情节看到思维方式,从而拥有一双具有洞察力的眼睛,让自己越读越聪明。

五年级下册第六单元选编了一系列展现人物智慧的文本,为建构"思辨性阅读与表达"学习任务群提供了丰富的学习资源。因此,本单元以"思辨性阅读与表达"学习任务群组织教学。

(三)内容的组织

统编教材五年级下册第六单元选编了古今中外的三篇文章。其中包括中国古代成语故事《自相矛盾》、中国古代历史故事《田忌赛马》和外国小说《跳水》。这些故事蕴含着主人公解决问题的思维过程,为"思辨性阅读与表达"学习任务群的设计提供了丰富的学习资源。

▶ 二、目标与评价

教学目标	评价要求
能以探究的态度对待书本中的"聪明人",善于学习人物的思考方式,学习别人解决问题时的闪光点,将其内化为自己的思维方式。	1. 能认识并分析日常生活中的"聪明人",并说清楚"他"聪明在哪里。 2. 能够在具体的生活情境中选择聪明的问题解决方式。 3. 能运用学习到的思维方式根据所给的情节合理创编探险故事,和同学一起分享。

教学目标	评价要求
能在具体的故事学习中,借助列提纲、画思维图等方式,运用类比思维与归纳思维,把握人物的思维过程,提升思维的深刻性、灵活性与批判性。	能熟读单元中的故事,绘制"故事山"或"情节轴",把握故事内容。
能根据思辨性学习的策略,抓住人物的言行,分析他们的思维过程,提高解读、推理以及逻辑思维的能力。	1. 能借助"三只眼"分析楚人前后的逻辑矛盾,感悟人生哲理。 2. 能借助"思维帽"与同学一起讨论、分析孙膑的方法奏效的原因,并进一步找出孙膑的思维漏洞,练习严密的逻辑思维能力。 3. 能借助"破局思维",抓住船长的语言体会船长在千钧一发之际解决问题的快、狠、准。
能在真实的学习情境中,借助"故事山""情节轴"等工具讲好故事,并能将其中的道理讲透彻、说准确,提升表达的准确性与逻辑性。	1. 能联系自身的生活经验从不同角度对故事作出不同的解读,与同学分享自己的启发。 2. 能联系当今世界与现实生活,批判性地解读故事中的人物形象,学习缜密的思维方式。 3. 能借助"故事山""情节轴",完整流利地讲述3个故事。

三、情境与任务

"打开思维的暗箱"学习主题的关键词是"思维"和"暗箱",从课文中学习作家的思维路径,找到思维的方法。本单元的学习情境可以设置为跟随故事中的聪明人,开展一场思维的探险之旅。让学生在阅读和讨论中,打开智慧背后的思维暗箱,像学者那样去发现思维方法,像小说家那样去构思历险故事,像聪明人那样去解决复杂问题,用探究点亮思维的火花,用思维照亮学习和生活。

由此,可以设计三项任务,一是追寻智慧之问,古今中外涌现了不少聪明之人,他们的智慧以故事的形式流传至今。教师可以讲一讲古今智慧故事作为子任务,组织学生相互分享聪明人的故事,说说自己在学习或生活中遇到的问题。

二是打开思维之门,在学习过程中给学生提供"三只眼""思维帽"和"破局思维"这些思维工具,既激发学生的学习兴趣又突出思辨性,让学生从中学到有用的思维方法。三是探索构思之妙,通过探索三篇课文作者的行文思路,学习作家的思维模式,让学生像专家一样思考。由此,我们针对"打开思维的暗箱"这个学习主题,围绕"思维方法"设计了三个情境任务,建构了学习主题统领下的任务单元(见下图)。

"打开思维的暗箱"学习单元整体设计框架

为了更好地完成三个学习任务,我们将情境任务作了活动分解,设计了结构化的活动链。

任务一:追寻智慧之问。先了解古今中外那些关于聪明人的故事,列出那些众所周知的故事;然后选择课文中的故事,读熟讲好;最后举办一场故事会,分享搜集到的故事,说说从这些聪明人身上学到了哪些智慧,也可以提出自己在现实生活中遇到的困惑,在课堂中进行头脑风暴,彼此碰撞思维的火花。

任务二:打开思维之门。从故事中学习作者的思维方法。针对不同的故事采取适合的"脚手架",帮助学生深入了解专家的思维模式。在《自相矛盾》中,给学生提供"三只眼",帮助学生看出事物的规律;在《田忌赛马》中,借助"三顶帽子"让学生解析孙膑的计谋,从而看见"思维";在《跳水》中,先厘清因果关系,让学生说说情节,再议一议危机产生的原因,最后体会船长的"破局思维"。

任务三：探索构思之妙。让学生学习作家怎样将情节环环相扣；学习怎样设置和破解难题；学习运用深度思维，发现别人的思维漏洞。

三个学习任务围绕"打开思维的暗箱"这个学习主题层层递进，从"讲、议、用"三个层次去探究与实践；同一任务中的多项学习活动相互关联、逐层深化，从阅读到表达，从讲述故事，到理解思维方式，再到学以致用，带领学生在学习聪明人的故事时提升思辨性阅读与表达的能力。

---- ▶ **四、活动与建议** -----

（一）活动设计

任务一　追寻智慧之问

学习活动一：读读智慧故事

1. 读《自相矛盾》。

（1）读一读。熟读古文《自相矛盾》，借助注释，说说故事的主要内容。

（2）画一画。根据故事内容，抓住楚人与路人的对话，画一座"故事山"。

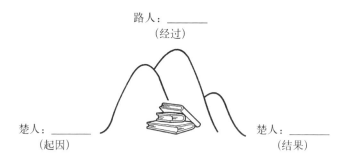

路人：＿＿＿＿＿＿
（经过）

楚人：＿＿＿＿＿＿
（起因）

楚人：＿＿＿＿＿＿
（结果）

预设：楚人：夸；路人：问；楚人：弗能应也。

2. 读《田忌赛马》。

（1）读一读。田忌和齐威王赛马，先输后赢，这到底是怎么一回事呢？请你快速默读课文,注意故事的前因后果。

(2)讲一讲。谁来讲一讲田忌和齐威王的两次比赛? 田忌和齐威王是怎么比的?

3. 读《跳水》。

(1)读课文第一自然段,找到猴子放肆的原因,用短语概括故事内容。

预设:水手拿猴子取乐。

(2)边读故事边思考:接下来故事是怎么一步一步发展的?用同样的方法概括故事的经过与结果。

提示:要关注人物与人物之间的关联。

预设:猴子逗孩子生气;孩子追猴子遇险;船长逼孩子跳水;水手救孩子脱险。

(3)根据情节图,梳理故事内容。

提示:这些事件之间环环相扣,前一个事件是后一个事件的原因,后一个事件是前一个事件的结果。这些事件之间存在因果关系。

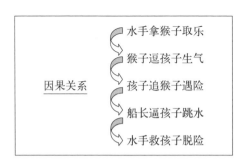

学习活动二:讲讲智慧故事

1. 每人选择一个故事,借助"故事山""对阵图"或"情节图"讲一讲故事。

（1）借助"故事山"讲寓言故事《自相矛盾》。

提示：合理想象人物的动作、语言、说话的语气等。

预设：楚人高高举起手中的盾牌，向着过往的行人大肆吹嘘："快来看，快来瞧！各位，请看我手上的这块盾牌。这是用世界上最坚固的材料锻造而成的好盾牌，质地特别坚固，任凭你用什么锋利的矛也不可能戳穿它。"借助"情节图"，关注短语之间的因果关系，讲述故事情节。

（2）借助"对阵图"讲历史故事《田忌赛马》。

提示：讲故事，一要完整，二要简洁，不超过一分钟。尽可能用"上对上；中对中；下对下""下对上；上对中；中对下"这种简洁的表达。

预设：田忌之前在与齐威王的比赛中，马的出场顺序总是"上对上，中对中，下对下"。但因为他每个等级的马都不如齐威王的马，所以每次都输。孙膑在看完比赛后发现，虽然田忌每个等级的马都不如齐威王的马，但是每个等级的马脚力都只差一点。根据这一点，孙膑想出了"下对上，上对中，中对下"的对阵方法。田忌听从了他的意见，果然赢得了比赛。

（3）借助"情节图"讲小说《跳水》。

提示：用上"因为……所以……"。

预设：因为水手拿猴子取乐，所以猴子很放肆。因为放肆的猴子逗孩子生气，所以孩子才追猴子并遇险。因为孩子遇险，所以船长逼孩子跳水。因为孩子跳水，所以水手下海救了孩子。

2. 讨论讲故事的评比标准。从基本要求和特色效果两个方面，拟定评价表，同学们根据评价标准给讲故事的学生打分。

讲故事评价表

基本要求	特色效果
声音响亮： ☆☆☆☆☆	人物语气绘声绘色： ☆☆☆☆☆
熟练流利： ☆☆☆☆☆	形象模仿惟妙惟肖： ☆☆☆☆☆

基本要求	特色效果
神态自然： ☆☆☆☆☆	观众感受入情入境： ☆☆☆☆☆

任务二　打开思维之门

学习活动一：思维的"三只眼"

1. 找到三个人。

这个故事其实写了三个人,哪三个人?

预设:卖家、买家、作者(韩非子)

2. 发现"三只眼"。

(1) 卖家看到了什么?

预设:卖家看到的是自己所卖的商品的优点,所以夸赞,甚至夸大它。卖家长了一只"凡眼",眼里只有商品的优点。

(2) 买家看到了什么?

提示:买家看到的和卖家看到的有什么不一样?

预设:买家把两件物品放在一起看,看出了卖家的话是矛盾的,能判断出卖家话语的真假。所以买家比卖家多长了一只"心眼"。

(3) 作者又看到了什么?

提示:试用"因为……不可同世而立,所以……"的句式说一说。

预设:作者最厉害,他从这个故事中看到的是相互对立的事物是不可能同时存在的。他从个例中提炼出了一个规律,从而揭示了自相矛盾的原因——因为这样的矛与盾是"不可同世而立"的。作者有一双"慧眼",看出了规律。

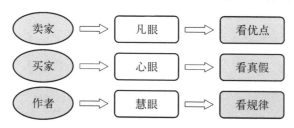

3. 说一说道理，找一找矛盾。

（1）说说故事中的智慧。

《自相矛盾》这则寓言故事，带给我们哪些生活的智慧？

预设：做人做事，要三思而行，实事求是，不要言过其实，自相矛盾……

（2）找找生活中的矛盾。

① 找找语言中的矛盾处。

提示：出示任务单：

例句	整幢教学楼一片漆黑，只有一扇窗户还亮着灯，那正是周老师的办公室。
找一找	请你找一找这句话中的矛盾。
提示	可以用上"如果……那么……"这个句式，也可以用上"因为……所以……"这个句式。

预设：如果一片漆黑，那么就不会还有一扇窗户亮着灯；如果还有一扇窗户亮着灯，那么就不会一片漆黑。因为一片漆黑和亮着灯是不可能同时存在的。

② 找一找生活中的矛盾处。

提示：出示任务单：

例子	有一天，有人上门推销"万能胶水"。推销人员进门就拿出一支胶水，夸赞说："我的万能胶水，能粘住一切物品。"
辨一辨	请你找一找推销员说的话中的矛盾。
提示	可以用上"如果……那么……"这个句式，也可以用上"因为……所以……"这个句式。

预设：如果"万能胶水"真能粘住一切物品，那么装"万能胶水"的容器就不可能存在；如果装"万能胶水"的容器真实存在，那么"万能胶水"能粘住一切物品就是假的；因为能粘住一切物品的胶水和什么都粘不住的容器是不可能同时存在的。

学习活动二：孙膑的"思维帽"

1. 破解"计谋"，看见"思维"。

（1）借助"白帽子"找原因。

① 请你客观冷静地梳理田忌连输三场的真实情况，找到输在哪里。默读三分钟，画出关键句。

预设："大家的马脚力相差不多，而且都能分成上、中、下三等"，输的原因是田忌每一个等级的马都比齐威王的差了一点点、慢了一点点。

② 用上"之所以……，是因为……"的句式说一说输的原因。

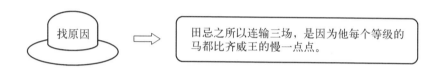
田忌之所以连输三场，是因为他每个等级的马都比齐威王的慢一点点。

③ 小结：尽管连输三场，实际差距并不大。

（2）借助"黄帽子"找优势。

① 明明三匹马都不如齐威王的快，怎么还有优势呢？请你帮田忌找找优势。

预设：田忌的上等马比齐威王的中等马或下等马要快；田忌的中等马要比齐威王的下等马要快一点。

② 用上"虽然……，但是……"的句式说说优势。

虽然田忌的上等马比不上齐威王的上等马，但是胜过齐威王的中等马和下等马。

虽然田忌的中等马比不上齐威王的上等马和中等马，但是胜过齐威王的下等马。

③ 小结：找到自己的优势，就有赢的希望！

（3）借助"绿帽子"找办法。

① 谁找到赢的办法了？是什么办法？

预设:孙膑;他改变了田忌的马的出场顺序,用下等马对齐威王的上等马,再用上等马对齐威王的中等马,用中等马对齐威王的下等马,两胜一输,赢了齐威王。

② 用上"如果……,就……"的句式说说办法。

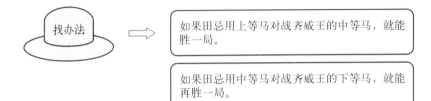

如果田忌用上等马对战齐威王的中等马,就能胜一局。

如果田忌用中等马对战齐威王的下等马,就能再胜一局。

③ 总结:打破惯例,改变马的出场顺序,发挥自己的优势,赢得比赛!

(4) 请你做一回孙膑,借用三顶帽子对田忌说一说你的妙计。

提示:

① 开头:田将军,不要灰心,我有办法让你赢! 你看……

② 句式:

你之所以连输三场,是因为……

虽然你的上等马不如齐威王的上等马,但是……

如果……,就……

(5) 借助"黑帽子"找漏洞。

孙膑的计策是不是万无一失呢? 超越孙膑,要用上第四顶帽子——黑帽子,用它找漏洞。再好的计策也会有漏洞,只有补上漏洞,才能万无一失。你找到漏洞了吗?

提示:用上"假如……,那么……"的句式。

预设:

① 假如齐威王命令只能上等对上等、中等对中等、下等对下等,不能改变出场顺序,那么就赢不了了;

② 假如齐威王引进了更强的马,下等马都比田忌的上等马要快,那么就赢不了。

③ 假如田忌不相信孙膑,那么孙膑的计谋也不管用。

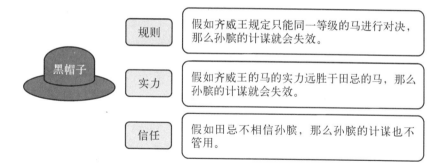

规则	假如齐威王规定只能同一等级的马进行对决，那么孙膑的计谋就会失效。
实力	假如齐威王的马的实力远胜于田忌的马，那么孙膑的计谋就会失效。
信任	假如田忌不相信孙膑，那么孙膑的计谋也不管用。

黑帽子

2. 借用"思维帽"学做军师。

（1）像孙膑一样思考，才能做军师，做参谋。孙膑最出名的事迹是打了两次胜仗，其中一次是"桂陵之战"。请你阅读故事、看形势图，找一找：孙膑的计策是什么？

公元前 354 年，魏国进攻赵国，魏军统帅庞涓包围了赵国的都城邯郸。第二年，赵国向齐国求援，齐国任命田忌为将，孙膑为军师，率军救援。田忌本来打算直接攻击魏军，而孙膑却认为，魏国正全力攻打赵国，国内空虚，应该避实击虚，向魏国的国都大梁（今河南开封）进军，强迫魏军回援。田忌采纳了孙膑的计谋，率军进攻魏国。庞涓得知消息，果然中计，连忙丢掉粮草辎重，连夜从赵国撤军回国。孙膑预先在魏军回国的必经之地桂陵（今河南长垣西北）设下埋伏，当长途跋涉、疲惫不堪的魏军经过时，齐军突然出击，大败魏军。这场战役又称为"桂陵之战"。后来，这种策略被称为"围魏救赵"。

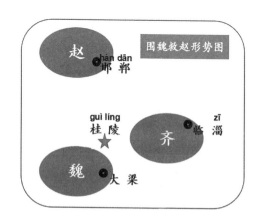

围魏救赵形势图

预设：带兵攻打魏都城大梁，并在桂陵要隘派兵截击。

（2）谁能再来做一次孙膑，用上思维帽，写下破敌的妙计，让田忌心服口服？用上这些关联词，可以说得更清楚、更有说服力。

提示：出示任务单

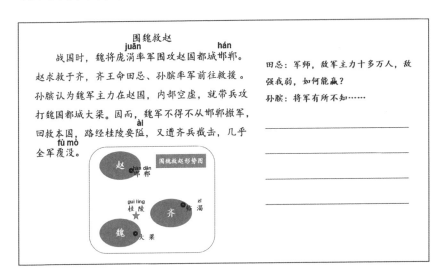

预设：

【黄帽子——找优势】

孙膑：将军有所不知，魏军主力虽然有 10 万人马，但是都去攻打邯郸了；所以魏国的都城大梁必然空虚，没有多少军队防守。我军有绝对优势。

【绿帽子——找办法】

孙膑：如果魏军撤军赶回来救大梁，就必然要经过桂陵这个关键要道；如果我军提前在桂陵埋伏，以逸待劳，伏击魏军，就一定可以打败魏军。

（3）总结：要客观分析敌情，找到自身优势，找出破敌计策——避实就虚、诱敌回援、中途伏击。有的时候我们只需要两顶思维帽，有的时候可能需要三顶，甚至四顶。

学习活动三：船长的"破局思维"

1. 惊人一问议危机。

（1）这么复杂的小说，作家只做了两件事。第一件是抓住矛盾冲突，制造危机。读一读、找一找关键的细节，再想一想：是谁把孩子一步步推向险境的？

（2）交流讨论。

预设:

① 猴子的"逗"。猴子先逗得孩子哭笑不得;再故意逗孩子生气,使其爬上桅杆;然后恶意挑衅孩子走上横木。猴子的行为把孩子一步步引入险境。

② 水手的"笑"。水手的取乐和哄笑,让孩子丢了面子,使其做出越来越危险的举动,一步步把自己推向险境。

③ 孩子的"气"。孩子从尴尬到生气,到气得失去理智。孩子的气愤、自尊心、好胜心,让他一步步走向险境。

(3) 这个危机是猴子、水手和孩子三者共同造成的,而引发这个危机的关键事物是"帽子",制造这个危机的,其实就是作家。作家就是这样构思小说情节的。

$$
\text{谁把孩子推入险境?}\begin{cases}\text{猴子:逗}\\\text{水手:笑}\\\text{孩子:气}\end{cases}
$$

2. 思维破局识英雄。

危机一般可以往两个方向发展,一个是愈发严重,就成了灾难,这叫悲剧;一个是得到解决,就转向"平安",这叫喜剧。作家做了第二件事:解决危机。当谁都无法解决危机的时候,英雄就出现了。

问题1:读一读小说,船长是怎么解决这个危机的?

预设:用枪逼孩子跳水。

问题2:逼孩子跳水这个办法好在哪里?

预设:(1)"快",最快脱离失足摔死的险境;

(2)"准",在当时的情境里,跳水是唯一让孩子有一线生机的办法;

(3)"狠",不跳就开枪,不容孩子犹豫,只留一条路。

$$
\text{船长的办法好在哪里?}\begin{cases}\text{快:尽快脱险}\\\text{准:唯一生机}\\\text{狠:马上执行}\end{cases}
$$

问题3:作者为什么要设计这样一个妙招解决危机的情节?

预设：作家设计了船长解救孩子的情节，就是为了塑造船长沉着冷静、机智果断的英雄形象。

问题4：明明是"跳海"，为何课题是"跳水"？

预设：跳海是被逼向绝路的无奈之举，而跳水是有惊无险的活动。从生死危机变成一次有惊无险的事件，关键在于船长。船长的破局思维使得一场可能的悲剧变成了喜剧。

3. 运用"破局思维"，解决生活难题，增长智慧。

(1) 阅读下列材料。小组讨论：故事里的办法好在哪里？

传说，谁能解开奇异的高尔丁死结，谁就能成为亚洲之王。所有试图解开这个复杂怪结的人都失败了。后来，亚历山大大帝前来尝试。他想了很多办法想要找到这个结的线头，结果还是一筹莫展。后来他说："我要建立我自己的解结规则。"于是他迅速拔出利剑，将高尔丁死结劈成了两截。最后，他真的成了一代霸主。

提示：看看故事中的人物是如何运用破局思维的。

预设：打破原有的条条框框和规章制度，懂得变通。

(2) 想想生活中的好办法。

出示补充资料，猜猜年轻人会怎么解决问题。

据传，英国有一座图书馆年久失修，于是在其他地方建立了一座新的图书馆。新馆建成后，需要把老馆的书搬到新馆去。这本来是一个搬家公司的事，把书装上车、拉走、摆放到新馆即可。可问题是搬书的预算居然高达350万英镑，图书馆根本就没有那么多钱。眼看雨季就要到了，如果不马上搬家，将会产生巨大的损失。这可愁坏了图书馆馆长。正当馆长苦恼的时候，一个年轻人找到了馆长，并对馆长说，他有一个解决方案，不过需要图书馆支付150万英镑。馆长十分高兴，因为图书馆刚好有能力支付这些费用。请猜猜年轻人用了什么好办法。

提示：用破局思维来思考问题。

预设：将"搬书"变为"借书后到新馆还书"，利用身边的资源，把所有的市民都当成"搬运工"。

(3) 读完这篇小说，谁留给你的印象最深刻？

预设：船长。他遇到险境时能沉着冷静地分析客观现实，能机智果断地采取措施，他用与众不同的破局思维——逼孩子跳水，拯救了孩子。所以当我们遇到险境的时候，也要保持冷静，分析当时的情形，选择最佳方案，脱离险境。

孩子。孩子在十一二岁的年纪最容易冲动，别人一"逗"，一"笑"就要生气。一生气，就容易将自己置于险境。所以我们要心态平和，不要生气，以正确的态度来对待别人的"逗"和"笑"。

水手。水手的"笑"，伤害了孩子的自尊，把孩子推入险境。所以在生活中，我们不要轻易取笑别人。可能你对别人的笑，就会把别人推入险境。

任务三　探索构思之妙

学习活动一：小说家的"故事扣"

1. 聊聊探险故事。

（1）推荐经典探险书籍，打开话题思路。

提示：《海底两万里》《鲁滨逊漂流记》《金银岛》《汤姆·索亚历险记》《地心历险记》等。

（2）探险故事为什么如此吸引人？选择读过的探险故事书籍中的一个故事，说说让人难忘的地方。

提示：在讲述的过程中要把故事中环境的变化、情节的变化，人物行为的变化讲清楚。

预设：发现探险小说之所以让人感到惊险刺激，是因为故事是围绕"不断变化"的理念来构思的，情节是环环相扣的。

学习活动二：探险家的"生死劫"

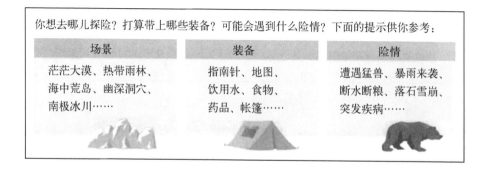

你想去哪儿探险？打算带上哪些装备？可能会遇到什么险情？下面的提示供你参考：

场景	装备	险情
茫茫大漠、热带雨林、海中荒岛、幽深洞穴、南极冰川……	指南针、地图、饮用水、食物、药品、帐篷……	遭遇猛兽、暴雨来袭、断水断粮、落石雪崩、突发疾病……

1. 画好一张"情节图"。

以小组为单位,确定故事的六要素:时间、地点、人物、起因、经过、结果。根据要素和情节,展开充分的讨论,进行合理而大胆的想象,绘制一张故事的"情节图"。

提示:共同确定好探险场景——大漠、雨林、荒岛、洞穴、冰川,想象要丰富,预先设计好困境中求生的方法,要用"不断变化"的理念来构思。

2. 演练一次"剧本杀"。

以小组为单位确定分工,根据故事发展情况,运用推理思维,推断下一步可能遇到的问题或出现的险情,并将问题转化为"剧本杀"的真实情境任务,组内的"探险演员"根据剧情走向,亲历"生死劫",最终脱离险境。

提示:根据需要进行角色分工,角色包括导演、编剧、场务、演员等。"演员"根据现场剧情走向,及时调整自己的表现,以达到解决问题的目的。

学习活动三:鉴赏家的"小妙招"

1. 办好一场"故事会"。

班级内举行一次"探险故事会",各小组相互分享自己的探险之旅,深度思考、推敲别人的探险之旅,发现引人入胜的精妙处,找出需要改进的地方。提出自己的小妙招。

小组	
题目	
精彩之处	
漏洞	
改进意见	
整体打分	☆☆☆☆☆

2. 编撰一本《探险故事汇》。

各小组在其他组的反馈的基础上再次进行"团队合作",共同完成故事,然后汇编成一本班级《探险故事汇》。

（二）教学建议

1. 语言文字积累与梳理。思辨性阅读与表达是核心，但语言文字积累与梳理是每个单元的基础学习任务。（1）读通读懂小古文《自相矛盾》：借助注释读懂课文，重点理解"誉"和"陷"等难字，知道"夫"放在句首，表示将要发表议论；结合上下文猜测"立"的意思，进而理解整句话的意思；把握句内停顿，读熟并背诵小古文。（2）积累成语：自相矛盾、胸有成竹、摩拳擦掌、跃跃欲试、兴致勃勃、不动声色、出谋划策、哭笑不得、风平浪静、龇牙咧嘴、心惊胆战。（3）积累"日积月累"中的内容。

2. 课时安排建议。"语言文字积累与梳理"3课时，"任务一：追寻智慧之问"3课时，"任务二：打开思维之门"3课时，"任务三：探索构思之妙"3课时。

3. 学习策略。（1）图像化策略。图像化是将故事情节用结构图的方式直观呈现的学习策略，有助于学生抓住故事的主要情节，把握故事的关键之处，为深入思考道理提供一种凭借。我们根据不同的故事结构采用了"故事山""对阵图"和"情节图"三种工具。教学《自相矛盾》时，可抓住楚人和旁人的对话，画出一座"故事山"，简单明了；教学《田忌赛马》时，可抓住孙膑的安排画一张"对阵图"，一目了然；教学《跳水》时，可抓住故事的情节发展画一幅"情节图"，生动形象。（2）句式导向策略。如果急于要求学生用自己的话语表达人物的思维过程，常常词不达意，啰唆重复。我们在这个关键的节点上，教学生"借助句式表达寓意"的表达策略。用"虽然……但是……"的句式，让学生找出逻辑上的漏洞；用"如果……就……"的句式，从假设角度阐述道理。不同的句式，不同的思维导向，不同的内容表达，对学生而言是不可或缺的学习支架。（3）读写相结合策略。学生在学习怎样以作家的眼光看问题之后，需要融会贯通。要学会从生活实际出发，作出自己的分析与是非判断。在真实的生活情境中，作批判性思考，作出新的解读，还要学习以作家的思维方式去构思情节，在写作中通过一波三折的情节体现自己的创新性思维，这样读写相结合的策略，可以有力地培养学生的批判性思维和学以致用的能力。

（一）单元练习

1. 阅读小古文,完成练习。

（1）按课文内容填空。

楚人_____。誉之曰:"_____,_____。"又誉其矛曰:"____
_____,_____。"或曰:"_____,_____?"其人_____。
夫_____,_____。

（2）"之"的用法。

誉之曰:　_____

吾矛之利:　_____

吾盾之坚:　_____

以子之矛陷子之盾:　_____　　_____

夫不可陷之盾与无不陷之矛:　_____　　_____

2. 根据意思写出对应的成语。

比喻在做事之前已经拿定主意:　_____

制订计谋策略,多指为别人出主意:　_____

形容战斗或劳动之前,人们精神振奋,跃跃欲试的样子:　_____

形容十分害怕:　_____

3. 连线。

及笄之年　　　　　　　男子二十岁左右的年纪

弱冠之年　　　　　　　指人七十岁

而立之年　　　　　　　指人六十岁

花甲之年　　　　　　　指人四十岁

古稀之年　　　　　　　指人三十岁

不惑之年　　　　　　　指女子年满十五岁

（二）单元测评

发挥想象，选择恰当的人物（如探险爱好者、生物学家等）组成探险小组，选择具体的场景（如茫茫大漠、海中荒岛等）、装备（如指南针、地图、帐篷等）、险情（如遭遇猛兽攻击、暴雨来袭、断水断粮等），写一写你们的探险故事。注意把遇到的困境、求生的方法写清楚。

（1）列一列：探险的人物、场景、装备等。

（2）画一画：人物之间将会发生怎样的故事呢？请你画一画"情节轴"。

（3）写一写：将自己构思的故事写下来。

第十二讲　幽默中的智慧

——统编教材五年级下册第八单元"思辨性阅读与表达"
学习任务群设计

一、主题与内容

（一）主题的确立

统编教材五年级下册第八单元的人文主题是"风趣和幽默是智慧的闪现"，本单元的语文要素是"感受课文风趣的语言"，因此我们将学习主题设定为"幽默中的智慧"。

一是从生活角度来看，幽默是一种充满智趣的行为。让人哈哈大笑的并非都是幽默，善于幽默的人，会用含蓄的语言表达；领悟幽默的人，常常能够会心一笑。幽默体现了生活的智慧。

二是从学科角度来看，从幽默中发现智慧是一种思辨性活动。幽默是自嘲、调侃、机智回应等，在反常、矛盾及荒诞中埋下让人思考的种子，在趣味轻松的氛围中引人发笑，但笑过之后，又会有所思考。幽默是智慧的体现，需要思辨性阅读，需要读者从反常处入手，进行逆向推断，思考趣在何处、乐的根源，进而由人及己，学会应对困境、尴尬，化烦恼为舒畅，变痛苦为快乐。

三是从学习角度来看，幽默背后隐藏着多种思维方式。《杨氏之子》运用类比思维，达到幽默的效果；《手指》运用了联想和比较的思维方式，读者需通过比较，发现手指各有所长、各有所短，通过联想思维，发现手指和人之间的关系，从中发现幽默之处，进而提高思维水平。

（二）内容的归属

《义务教育语文课程标准（2022年版）》中第三学段的"思辨性阅读与表达"

学习任务群包括四个方面的学习内容,其中一项内容是阅读与思考汉语表达的特点与效果:"在日常生活和学习中,发现并思考成语、对联、谚语、绕口令等多种语言现象的特点,体会不同的表达效果。"这项学习内容旨在让学生通过阅读、画思维图等方式,把握语言特点与表达效果的关系,准确表达幽默,提高逻辑思维能力,培养深刻、灵活的思维。

五年级下册第八单元选编了一系列生动有趣的幽默文本,有文言文、散文和记叙文,为建构"思辨性阅读与表达"学习任务群提供了丰富的学习资源。因此,本单元以"思辨性阅读与表达"学习任务群组织教学。

(三)内容的组织

统编教材五年级下册第八单元选编了文言文《杨氏之子》和《手指》以及《童年的发现》。这些文本为"思辨性阅读与表达"学习任务群的设计提供了丰富的学习资源。

二、目标与评价

教学目标	评价要求
能以探究的态度对待书本和生活中的笑话,分辨哪些是真正的幽默,保持积极理性的生活心态,乐于与人分享尴尬之事和困境,并与他人一同用幽默化解。	1. 能理解并分析幽默故事,说清楚"幽默"在哪里,分辨哪些是真正的幽默。 2. 能够在具体的生活情境中用幽默化解尴尬,摆离困境。 3. 将自己在生活、学习中遇到的困境或尴尬写下来,和同学一起思考如何用幽默的方式化解,共同编写一本班级《解忧集》。
能在具体的文本学习中,借助列提纲、画思维导图等方式,运用归纳思维,把握"幽默"与"智慧"的关系,提升思维的深刻性、灵活性与批判性等。	能熟读单元中的3篇文本,绘制思维导图或漫画,把握课文内容。

教学目标	评价要求
学会幽默的语言,通过推理、归纳及联系生活等方式,学会创造幽默的方法,发现幽默的好处。	1. 能借助人物对话,说出杨氏子回应的妙处,与同学讨论发现幽默背后是类比反驳的智慧。 2. 能借助"手指漫画"评比手指之最,与同学一起讨论、分析作者的语言,发现幽默是通过拟人、夸张等方式表现出来的。 3. 能通过化解童年尴尬事的方式,理解幽默背后自我调侃的智慧。
能在真实的学习情境中,讲自己遇到尴尬并用幽默的方式化解的故事,提升表达的准确性与逻辑性。	能联系自身的生活经验分享自己用幽默化解尴尬的故事,并评出班级里的"幽默大师"。

➡ 三、情境与任务

　　"幽默中的智慧"学习主题的关键词是"幽默"和"智慧",要求学生从幽默背后发现智慧。紧扣"由事及理",可以从不同角度创设不同的学习情境。一是认识幽默感。杨氏子、丰子恺、费奥多罗夫,这些具有幽默感的人,他们的幽默通过文字传递给我们。我们以"尝尝幽默的味道"作为情境任务,组织学生找幽默故事、读幽默语言,从而感受幽默。二是做懂幽默的人。不懂幽默的人,是无趣和乏味的。懂幽默的人,能透过幽默的语言看到背后的智慧,会心一笑,从幽默中领悟解决尴尬的方法,懂得道理。我们以"幽默背后的智慧"作为情境任务,让学生交流与分享幽默背后的奥秘,在碰撞中产生更多的思想与智慧,读懂幽默的好处,学会创造幽默的方法。三是做会用幽默的人。幽默不仅仅能让人会心一笑,还可以解决实际问题。用好幽默,既可以化解尴尬和困境,也可以让你的生活增添乐趣。我们以"用幽默摆脱困境"为情境任务,让每个人都能从幽默中获得精神力量。由此,我们以"幽默中的智慧"为学习主题,围绕"幽默的语言",设计了三个前后连贯的情境任务,建构了学习主题统领下的任务单元(见下页图)。

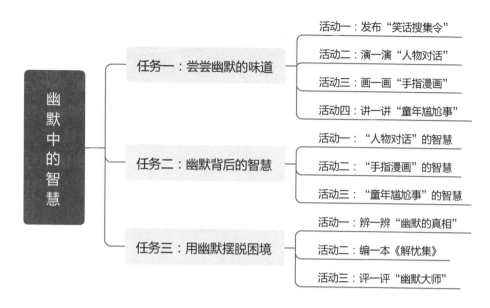

为了更好地完成三个学习任务，我们依据"教人做事"的实践逻辑，将情境任务作了活动分解，设计了结构化的活动链。

任务一：尝尝幽默的味道。先搜集自己读过的、听过的笑话，与同学分享；读《杨氏之子》，演一演人物对话；读《手指》，画一画漫画；读《童年的发现》，讲一讲尴尬事。

任务二：幽默背后的智慧。通过比较、讨论、分析、推理等方法，结合不同的姓氏发问，思考杨氏之子可能的应对，发现类比反驳的幽默；讨论作者是如何将手指写得生动的，发现夸张和拟人能使语言变得幽默风趣；比较自己与作者遇到尴尬事时的心理活动，发现自我调侃的幽默是化解尴尬的好办法。

任务三：用幽默摆脱困境。先辨一辨幽默的真相，从搜集到的笑话中发现真正的幽默是令人会心一笑的，更是发人深思的；然后编一本《解忧集》，记录生活和学习中的幽默之事，学会用幽默去化解生活中遇到的尴尬或困境，做一个有智慧的人；最后，评一评班级里的"幽默大师"。

三个学习任务围绕"幽默中的智慧"这个学习主题前后连贯、层层递进，从"讲、议、用"三个层次去探究与实践"幽默"中的"智慧"；同一任务中的多项学习活动相互关联、逐层深化，从阅读到表达，从领会幽默，到理解幽默的智慧，再到运用幽默解决问题,带领学生在学习幽默的语言的过程中提升思辨性阅读与表达的能力。

→ 四、活动与建议

(一) 活动设计

任务一 尝尝幽默的味道

学习情境:杨氏子、丰子恺、费奥多罗夫,这些都是具有幽默感的人,他们的幽默通过文字传递给我们。请你搜集一些幽默故事,找一找身边具有幽默感的人,与同学们分享你的发现。

学习活动一:发布"笑话搜集令"

1. 查一查。发布"笑话搜集令",搜集身边的或者书上的笑话。

2. 聊一聊。与同学们分享你搜集到的笑话,看看谁的笑话更好笑,谁的笑话更引人深思。

提示:先说一说好笑之处,再评评笑话的等级。

学习活动二:演一演"人物对话"

1. 读一读。熟读古文《杨氏之子》,借助注释,说说故事的主要内容。

2. 填一填。根据故事内容,抓住孔君平和杨氏子的对话,填一填,并根据对应关系连一连。

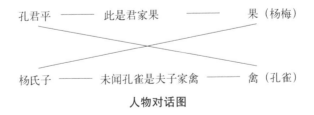

人物对话图

3. 演一演。借助图示,用文言文和白话文分别演演对话,发现对话的不寻常之处。

提示：保持反问的句式，注意文中的称呼。

预设：不寻常之处在于孔君平用杨氏子的姓氏开玩笑，杨氏子也用孔君平的姓氏反过来开玩笑。

学习活动三：画一画"手指漫画"

1. 读一读。熟读《手指》，抓住语言的不寻常之处，用夸张的语气，分段朗读文章，体会各个手指的特点和作用。

2. 画一画。根据课文第二自然段对大拇指的描述，用漫画的形式夸张地画出大拇指的特点，并在旁边为其补充姿态、性格、作用，作为"手指的自白"。

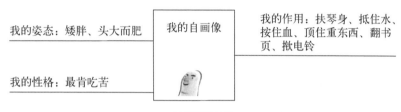

手指漫画图

3. 讲一讲。根据"手指的自白"和漫画，感受语言的特点。

预设：根据文字和漫画，发现共性——本文的语言具有拟人化、夸张化的表达特点。作者把大拇指当作人来写，赋予其个性，语言生动有趣。

4. 说一说。看到大拇指，你联想到了生活中有哪些像大拇指的人？

预设：大拇指让我想到环卫工人、建筑工人，让我想到家里的爷爷奶奶，他们做的是辛苦活。

5. 自读自练。自己朗读描写食指、中指、无名指和小拇指的段落，抓住关键词，画一幅"手指漫画"。

自绘手指漫画图

学习活动四：讲一讲童年尴尬事

1. 读一读。熟读《童年的发现》，发现"我"的问题，探究过程及结果，并完成探究链。

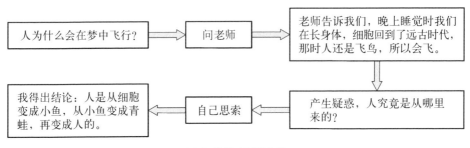

《童年的发现》探究链

2. 找一找。"我"的结论给我带来了什么？找找"我"的应对方法。

预设：我被老师赶出了教室。我自我安慰——世界上重大的发明与发现，有时还会给人带来被驱逐和被迫害的风险。

3. 讲一讲。根据探究链与应对方法，简要讲述作者的这件尴尬事。

预设：在我很小的时候，经常梦到自己在梦里飞行，我去问老师原因，老师告诉我们，晚上睡觉时，细胞回到了远古时代，那时人还是飞鸟，所以会飞，我觉得很奇怪，人究竟从哪里来的呢？后来我观察小鱼、青蛙等，不断地思考，终于被我想出来了——人是从细胞变成小鱼，从小鱼变成青蛙，每隔一段时间就一变，九个月后，变成了人。在课上，老师提起人是怎么来的时候，我突然想到了我早就发现了这个规律，不禁笑出了声，但被老师误会赶出了教室，我安慰自己——重大的发现有时还会给人带来被迫害的风险。

任务二　幽默背后的智慧

学习情境：不懂幽默的人，是无趣且乏味的。懂得幽默的人，能透过幽默的语言看到背后的智慧，会心一笑，从幽默中领悟解决尴尬的方法，并领悟道理。古人说"独学而无友，则孤陋而寡闻"。要想读得透、看得深，就要和同学们一起读、一起想。

学习活动一:"人物对话"的智慧

1. 重读《杨氏之子》,从趣味对话中看智慧。

演一演:面对孔君平的玩笑,杨氏子可以有多种应答的方式,看看下面表格内的几段对话,一位学生扮演"孔君平",一位学生扮演"杨氏子",感受不同回答的效果。

比一比:哪种回答的效果更好,把你的看法填入表格中。

孔指以示儿曰	儿应声答曰	我的看法
此是君家果	此是吾家果。	
	此非吾家果。	
	孔雀是夫子家禽。	
	未闻孔雀是夫子家禽。	

预设:

孔指以示儿曰	儿应声答曰	我的看法
此是君家果	此是吾家果。	不聪慧,未听明白孔君平的言外之意。
	此非吾家果。	不够聪慧,听出了孔君平的言外之意,但没有巧妙地回应。
	孔雀是夫子家禽。	直接反过来开玩笑,不够委婉,不够礼貌。
	未闻孔雀是夫子家禽。	最得体,既听出了孔君平的言外之意,又巧妙地进行了回应。

2. 推一推:从上表出发,推测杨氏子的应答,将合适的应答填在表里。

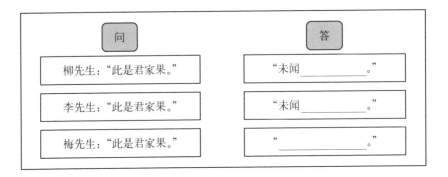

预设：

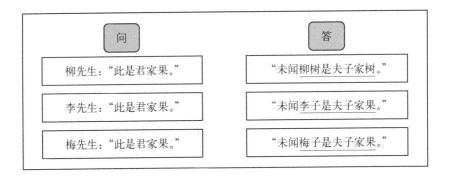

3. 议一议：从对答中,可以看出杨氏子是一个怎样的人?

预设：(1) 思维敏捷。杨氏子的回答同孔君平一样,从姓氏出发做文章。
(2) 尊重长辈。杨氏之子在顺利应对孔君平的玩笑的同时丝毫不显冒犯,依旧保持了对对方的尊敬,得体妥帖。综合看来他诚如文章开头所说"甚聪惠"。

学习活动二："手指漫画"的智慧

1. 重读《手指》,从"手指漫画"中看道理。

先比一比。利用漫画和自白,找出手指之最,一比谁最好看,二比谁能力最强,三比谁性格最可爱。

要点：这是开放性问题,在表述中能够抓住所选手指的特点,并阐明原因即可。

再议一议：下面两种说法你赞成哪一种? 说说理由。

◇大拇指虽然丑但最重要,无名指和小拇指虽然漂亮但能力薄弱,是最不重要的。

◇手指有的美有的丑,能力有的强有的弱,但都很重要。

预设:赞成第二种。手指有美丑之分,能力有强弱之别,但能力再强的手指也需要其他手指的协助,能力很弱的手指也可以帮助其他手指,因此只有团结起来才能更有力量,每根手指都很重要。

2. 议一议。作者通过风趣幽默的语言告诉我们团结的重要性。你能找出你觉得幽默的语句,说说为什么让你觉得幽默吗?

要点:言之有理即可。找到句子,根据句子中的字词,分析出幽默之处。

3. 议事厅:作者为什么要用幽默的语言来讲团结的道理? 这样的方式你有什么看法? 谈谈各自的看法。

提示:抗日战争爆发后,侵略者的炮火逼迫丰子恺先生带着一家老小忍痛辞别故乡,在一路辗转躲避战火的过程中,他亲身感受到侵略者给国家和百姓带来的灾难。丰子恺先生希望大敌当前之际,全体中国人无论美丑或强弱,都能像手上的五根手指一样,团结起来,拧成拳头,形成合力,一致对外,共同打败入侵者。

预设:幽默的语言首先给人带来欢乐,在欢乐中揭示道理,能极大地提高读者对于观点的接受度。

学习活动三:"童年尴尬事"的智慧

1. 重读《童年的发现》,读出幽默的智慧。

找一找:找出你认为有趣的部分,作批注,说说自己的感受。

2. 议一议:当你遇到尴尬事或被误解时,你是如何应对的? 再说说《童年的发现》中"我"是如何应对的? 你觉得这个自我安慰的方法如何? 谈谈你的看法。

预设:"我明白了——世界上重大的发现,有时还会给人带来被驱逐和被迫害的风险。"在作者被赶出教室后,还能幽默风趣地自我安慰,这种方法充满了童趣,令人捧腹。

任务三　用幽默摆脱困境

学习情境：幽默能在困境中给予人安慰，能在剑拔弩张的氛围中解决矛盾，能在不知所措的处境里化解尴尬和窘迫。用好幽默，既可以化解尴尬，也可以让你的生活增添乐趣，让我们一起来用幽默解决问题吧！

学习活动一：辨一辨"幽默的真相"

1. 理一理：梳理《杨氏之子》《手指》《童年的发现》中有趣之处的异同。

	异	同
《杨氏之子》		
《手指》		
《童年的发现》		

预设：

	异	同
《杨氏之子》	顺着对方的思路回应对方，幽默地应对玩笑。	在"不寻常"中设置有趣之处，令人发笑的同时又引人思考，将人生智慧藏于幽默中。
《手指》	用夸张和拟人手法，生动地塑造手指形象，产生幽默的表达效果。	
《童年的发现》	自我调侃，以幽默自我安慰，化解尴尬。	

2. 探一探：从上述异同中，你能发现幽默的真相吗？

预设：幽默让人发笑，但更重要的是，幽默背后是智慧的闪现和人格的魅力。

3. 辨一辨：在搜集到的笑话中，辨一辨哪些是真的幽默，哪些不是幽默。

要点：有些笑话只是浅层的好笑好玩，有些笑话能让人在笑完之后深思，这才是真幽默。

学习活动二：编一本《解忧集》

1. 照一照。将自己在生活、学习中遇到的困境或尴尬写下来，想想当时的自己是如何应对的，现在的自己又会如何应对。

提示：处理问题的方式多种多样，但以幽默的方式处理可以化被动为主动，将复杂的事情简化，起到更好的效果。同学们相互交流，谈谈自己遇到了哪些困境或尴尬，相互给些建议，共同排忧解难。

2. 编一编。将自己与同学遇到的困难以及对应的幽默的解决方式汇编成一本班级《解忧集》。

学习活动三：评一评"幽默大师"

1. 填一填：写下你心目中的班级幽默大师，思考他们幽默在何处？

姓名	幽默点（说话风趣、自我调侃……）

2. 选一选：选出班级里的幽默大师，夸夸他们幽默的谈吐，学习他们的幽默技巧，感悟幽默带来的快乐和思考，体会"幽默大师"的智慧和人格魅力。

（二）教学建议

1. 语言文字积累与梳理。思辨性阅读与表达是核心，但语言文字积累与梳理是每个单元的基础学习任务。（1）读通读懂小古文《杨氏之子》：让学生借助注释读懂课文，重点理解"诣"、通假字"惠"和古今异义词语"家禽"，理解"夫子"指的是孔君平。教师应对较难的句式加以指导，如"为设果"省略了主语，"孔指以示儿曰"省略了指的事物——杨梅；教师应指导学生把握句内停顿，读熟并背诵小古文。（2）积累同一结构的词语，例如，揿电铃、推笔杆、扳枪机、打算盘、拧螺丝、解纽扣、蘸药末、研脂粉、戴戒指、掏耳朵等。（3）日积月累：君子喻于义，小人喻于利；君子坦荡荡，小人长戚戚；恻隐之心，仁之端也；多行不义，必自毙；人有耻，则能有所不为。

2. 课时安排建议。"语言文字积累与梳理"3 课时，"任务一：尝尝幽默的味道"3课时，"任务二：幽默背后的智慧"3课时，"任务三：用幽默摆脱困境"2课时。

3. 学习策略。（1）思维图解策略。通过图表，将思维的过程直观形象地呈现出来，这样的学习有助于学生把握关键之处，为深入思考道理提供支架。比如《童年的发现》，可借助问题链，让学生理顺"我"的发现过程和结果，为下文"我"的事作铺垫，让学生能够理解为何"我"会发笑以及"我"因为自己的发现而遭受"迫害"这句话的自我调侃。绘制"手指漫画"，抓住关键词厘清手指的特点，指导学生在梳理过程中关注手指的外貌、性格和能力，让学生发现作者将手指当作人来写的写作特点。（2）问题聚焦策略。思辨性阅读的关键在于分析问题，聚焦学生深感兴趣且有思维空间的问题。例如《杨氏之子》，在发现杨氏子回答的方式后，将"你觉得这样的应对方式好不好？谈谈你的看法"抛给学生，让学生对杨氏子的应答作批判性思考，尝试思考其他的应答方式，更深地领悟到杨氏子应对方式的巧妙和幽默，从而发现杨氏子是一个充满智慧的人，明白幽默与智慧的关系。（3）生活化解读策略。纸上得来终觉浅，学生领悟幽默后，需要将方法迁移到生活中，作生活化解读。我们以"编一本《解忧集》"的方式，让学生在生活中找一找自己遇到的困境和碰到的尴尬事，从生活实际出发，作出自己的幽默式应对，从而帮助学生在今后的生活中，能够有幽默的意识，学会用幽默化解尴尬。

五、练习与测评

（一）单元练习

1. 阅读小古文，完成练习。

（1）按课文内容填空。

梁国杨氏子九岁，_____。_____，父不在，乃呼儿。为设果，_____。孔指以示儿曰："_____。"儿应声答曰："_____
___。"

(2) 解释字的意思。

惠：_____　　诣：_____　　家禽：_____　　乃：_____

2. 填动词。

（　　）电铃　　（　　）笔杆　　（　　）枪机　　（　　）算盘

（　　）螺丝　　（　　）纽扣　　（　　）药末　　（　　）脂粉

（　　）戒指　　（　　）耳朵

（二）单元测评

1. 说一说：用幽默的方式帮同学化解尴尬和矛盾。

(1) 小林见到自己的两个同伴，想同他们一起回家。

小林："小花、小橘，我和你们一起回家。"

小花、小橘一起回答："不，我们两个一起回，不和你一起。"

小林："_____。"

(2) 小李见同学小赵不顺眼，故意挖苦小赵："你长得可真像猴子。"

小赵："_____。"

2. 阅读下文，完成练习。

晏子至，楚王赐晏子酒。酒酣，吏二缚一人诣王，王曰："缚者曷为者也?"

对曰："齐人也，坐盗。"

王视晏子曰："齐人固善盗乎?"

晏子避席对曰："婴闻之，橘生淮南则为橘，生于淮北则为枳，叶徒相似，其实味不同。所以然者何? 水土异也。今民生长于齐不盗，入楚则盗，得无楚之水土使民善盗耶?"

(1) 画一画：认真读上文三遍，抓住故事中楚王与晏子的对话，画一画人物对话图。

(2) 议一议：说一说晏子是如何用幽默的智慧化解楚王对齐国的羞辱的。

3. 运用幽默的方法，从人的五官中选择一个，写一段《××的自述》。

(1) 列一列：选择的五官姿态有什么特点? 有什么性格特点? 有哪些用处?

(2) 写一写：把写好的自述在班级中分享，看看谁写得最幽默、最有趣。

4. 获奖同学分享经验。请班级的"幽默大师"分享自己用幽默化解尴尬的经历和经验。

第十三讲　有依据地判断

——统编教材六年级上册"思辨性阅读与表达"学习任务群设计

→ 一、主题与内容

（一）主题的确立

统编教材六年级上册《书戴嵩画牛》《只有一个地球》《宇宙生命之谜》是三篇看似独立又有内在逻辑联系的课文。我们根据三篇文章中"依据与观点"的逻辑关系，设计了"有依据地判断"这一学习主题。

一是从生活角度看，"有依据地判断"是学生处理生活问题的必备能力。生活中各种情况都需要进行判断，判断既反映了主观意愿，又需要有事实依据，所作的判断要准确，由判断所导致的后果得自己负责。所以判断得依据客观现实和科学知识，依据越客观，判断越正确。单凭主观看法就作出判断往往是不科学，不可靠的。

二是从学科角度出发，"有依据地判断"是学生语言实践活动中需要的能力。判断是介于猜测和推理间的思维方式。"有依据地判断"就是基于客观事实、科学依据来做判断。在进行阅读与表达时，要区分客观事实和主观认识，在语言材料中挖掘能作科学判断依据的内容，用依据支撑判断，锻炼学生的理性思维能力。

三是从学习角度来看，"有依据地判断"是学生认识世界的基本方法。学生在议论文学习中，学到了用论据论证的方法，即要得出某一观点、作出某一判断，需要有充分的依据。"有依据地判断"，就是根据不同的客观事实作出主观判断，注重"依据"与"观点"之间的逻辑关系，让学生有条理地、科学地、全面地作出判断，让判断更具说服力。

（二）内容的归属

《义务教育语文课程标准（2022 年版）》第三学段"思辨性阅读与表达"学习任务群包括四个方面的学习内容，其中一项是体会猜想、推理的思维方法。"阅读有关科学发现、技术发明的故事，用画思维导图等方式辅助，简洁清楚地表述科学家发现、发明的过程，学习科学家的创造精神，体会猜想、验证、推理等思维方法。"这个学习任务旨在通过阅读短论、简评，学习运用"例证法"来表达自己的观点，培养学生的责任意识和理性精神。

六年级上册选编了三篇以"用具体事例说明观点"为主题的课文，为构建"思辨性阅读与表达"学习任务群提供了丰富的学习资源。因此，我们以"思辨性阅读与表达"学习任务群组织教学。

（三）内容的组织

我们以六年级上册《书戴嵩画牛》《只有一个地球》《宇宙生命之谜》三篇课文为基础，同时纳入同册第六单元习作《学写倡议书》作为学习资源。这些内容为"思辨性阅读与表达"学习任务群的设计提供了丰富的学习资源。

➡ 二、目标与评价

教学目标	评价要求
能正确地看待他人的判断，分清该判断是基于经验还是基于科学，培养"有依据地判断"的意识。	1. 比较杜处士和牧童对于戴嵩《斗牛图》的不同态度。 2. 基于不同人物的经验，分析其判断依据的来源。 3. 能分清文学性作品中的观点是基于经验还是基于科学。
能在具体的生活情境中，对已有的"判断"作出分析、推理，确定其判断依据，以及判断正确与否，提升学生明辨是非的能力。	能在生活情境中，明确判断是基于经验还是基于科学，以及正确与否。

教学目标	评价要求
能在阅读中,找出作者的判断,并梳理课内外的科学依据,证明判断的正确性,提升学生的思维能力。	1. 阅读选文,利用列表格、画思维导图等方式整理依据。 2. 运用分析、推理的方法,用依据来进行判断,得出结论。
能在问题情境中,根据事实作出判断,发布倡议书,提升学生认识问题、处理问题的能力。	1. 针对问题设计调查问卷,并进行调查。 2. 针对调查问卷的结果进行分析,得出结论。 3. 针对不合理的现象,选择合适的倡议点,撰写倡议书,发布倡议。

三、情境与任务

　　"有依据地判断"学习主题的关键词是"依据"和"判断","判断"即根据现有的条件和证据做出选择,应根据客观事实作出判断,使自己的判断更科学、准确。紧扣"解决问题"的思路,我们从两个方面设计了解决问题的流程。一是如何看待问题,作出判断。生活中的问题很普遍,如何看待问题,作出判断,体现了思维的复杂性。第一层是根据生活经验看待问题。对此,一方面应肯定用经验来看问题的合理性,另一方面也要看到仅根据经验看待问题,会造成认识的片面。第二层是基于科学依据来推测。经验有一定片面性,所以判断的依据要科学、全面,用查阅资料、调查研究的方法寻找科学依据,并明确结论。二是如何解决问题。本学习任务群中采用写倡议书的方法尝试解决问题:立足于现实,发现问题,根据查阅、调查到的科学依据,讨论探究,找到倡议点,最后撰写倡议书,发布倡议。由此,我们针对"有依据地判断"这一学习主题,设计了三个由浅入深、从理论到实践的学习任务,建构了学习主题统领下的任务系统。

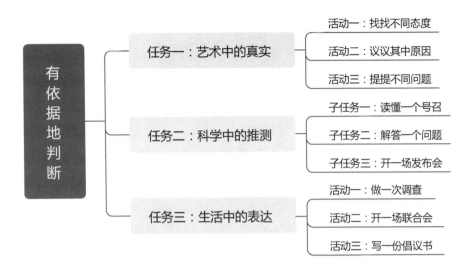

为了更好地完成三个学习任务,我们依据"解决问题"的实践逻辑,将学习任务作了活动分解,设计了结构化的活动链。

任务一:艺术中的真实。立足于《书戴嵩画牛》这一文言故事,从讲故事这一活动入手,发现对于同一幅画,杜处士与牧童有着不同的态度。通过探究发现因两人的身份不同,观察的角度不同,态度自然不同,从而得出"耕当问奴,织当问婢"这一结论,即要求我们面对问题要请教有经验的专业人士。接着通过对多幅画的观察,发现问题,提出疑问,明确向有经验的专业人士请教时,不能盲目相信"一家之言",需要全面、客观地了解事情的真相。

任务二:科学中的推测。此学习任务群立足于两篇科普小品文:《只有一个地球》《宇宙生命之谜》。先阅读《只有一个地球》和相关资料,从地球本身的条件等角度发现地球对于我们的唯一性,明确"人类只有一个地球"的观点,号召大家要保护地球,保护地球的生态环境。接着学习《宇宙生命之谜》一文,通过对比一一排除太阳系除地球外的七大行星上存在生命的可能,得出"除地球外,其他行星上尚未发现有生命"的结论,作出判断:目前,人类还不能移居别的星球。最后通过一场发布会,呼吁大家保护地球。

任务三:生活中的表达。以保护水资源为话题设计调查问卷,进行调查,对问卷进行分析、讨论、探究,发现存在的问题。接着学写倡议书,将探究所得用倡议书的形式写下来、发布出来,号召大家保护地球。

（一）活动设计

任务一　艺术中的真实

学习情境：杜处士得到了戴嵩的名画《斗牛图》，非常爱惜，不仅用锦缎作画囊，用玉作画轴，还常常随身携带，随时赏玩。一次，他正在院子里晒画，一位牧童路过看到了，哈哈大笑，说画中的牛尾画错了方向，杜处士听了一点也没有尴尬的神色，反而很赞同牧童的说法，笑着表示同意。牧童和戴嵩孰对孰错呢？

学习活动一：找找不同态度

1. 读故事，找找不同态度。借助注释读懂故事《书戴嵩画牛》，找出原文中的关键词概括杜处士与牧童对待戴嵩的《斗牛图》的不同态度。

预设：杜处士"尤所爱，锦囊玉轴，常以自随"，牧童"见之，拊掌大笑"。

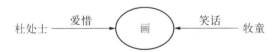

2. 借图示，讲讲这个故事。根据杜处士与牧童的不同态度，讲一讲这则故事的主要内容，明白两人态度不同的原因。

提示：

故事的结构：起因（处士得画，爱之）—经过（牧童见画，笑之）—结果（二人对话，悟之）。

对画的不同态度：杜处士爱画，是对画的艺术价值的欣赏；牧童笑画，是从是否符合实际的角度作出的反应。

态度不同的原因：二人身份不同，导致看画的角度不同，观点、态度自然不同。

学习活动二：议议其中原因

1. 议一议：为什么牧童能看到画中的问题？

预设：杜处士是一位绅士，他珍藏戴嵩的《斗牛图》是出于对艺术的欣赏，他注重画的艺术价值，也容易忽视这件艺术珍品的常识性问题；牧童长期与牛为伴，牛是他赖以生存的根本，他对于牛的习性了然于胸，因此他从是否符合实际的角度观察，认为画中争斗的牛尾巴方向错了。牧童"拊掌大笑"的底气来源于他对牛习性的了解，具有说服力。

2. 评一评：面对牧童的嘲笑，杜处士的表现如何？

预设：面对牧童的嘲笑，杜处士"笑而然之"，杜处士的"笑"并非尴尬的笑，而是宽容的笑，接纳牧童对画的批评，没有恼羞成怒，而是大方默认，选择接受和包容，体现了杜处士心胸的宽广。

学习活动三：提提不同问题

1. 对比图片，发现问题。出示东汉画像石的斗牛图、张录成的《斗牛图》和红牛饮料的商标，让学生观察图中牛尾巴的状态，说说自己的发现。

预设：斗牛时，牛尾并非都"搐入两股间"，也有"掉尾而斗"的情况。教师可由此提出问题——牧童与这些图片，孰对孰错？

2. 小组讨论，明确自己的观点。

预设：牧童一个人的经验有限，他没有见过牛"掉尾而斗"的情况，所以认为牛争斗时只会"搐入两股间"。其他人的作品让我们知道：斗牛时牛尾有"搐入两股间"和"掉尾而斗"两种情况，两种情况都是客观存在的。所以，我们遇到问题时，可以向有经验的专业人士请教，但不能盲目相信"一家之言"，需要全面、客观地了解事实的真相。

任务二　科学中的推测

学习情境：纪录片《家园》告诉我们，在人类出现后，资源枯竭、物种灭绝、全球变暖等危机接踵而来。按照这一趋势，人类赖以生存的地球将会面临"灭顶之灾"。当山穷水尽之时，人类的出路在何方？班级同学围绕这一问题进行了讨论,有同学认为我们可以移居外太空,随着人类探索宇宙的脚步加快,这一想法是否能变成现实呢?

子任务一：读懂一个号召

1. 初读课文,发现号召。学生自由读课文《只有一个地球》,找出其中的观点,理解作者的号召。

预设：我们要精心地保护地球,保护地球的生态环境。

2. 再读课文,寻找依据。读懂课文,根据关键句概括这一号召背后的依据。

提示：

课文中提到两点：(1)地球是渺小的;(2)资源是有限的。

补充阅读《地球在宇宙中》,了解地球在宇宙中不过是"沧海一粟";查阅白度百科关于地球的介绍,了解地球上资源的总体情况,知道地球上的资源大部分是不可再生资源,可再生资源满足不了人类快速发展的需要。

子任务二：解答一个问题

1. 找一找,填一填。默读《宇宙生命之谜》,找一找生命存在的条件,填入表格中。

提示：生命存在的条件包括温度适宜、液态水充足、有合适的大气层、拥有磁场。

天体	要让生命存在所需具备的条件			
水星				
金星				
木星、土星、天王星、海王星				
火星				

2. 比一比,对一对。根据列出的条件,一一比对,想想太阳系其他行星能否存在生命,并选择一个最优的星球,判断移民的可行性。

预设：(1)通过比较、分析得知：水星的表面温度太高,不可能存在生命;金星缺氧、缺水,表面温度极高,不可能有生命存在;木星、土星、天王星、海王星表面温度太低,也不可能有生命存在。(2)太阳系中唯一可能移民的行星是火星,因为火星与地球有不少相似之处。但是通过观测可知,火星上没有液态水,大气稀薄、含氧少,表面温度低,没有磁场,因此也难以有生命存在。

子任务三:开一场发布会

1. 明确主题,讨论提纲。围绕"地球是人类唯一的家园"这一主题,小组讨论探究发布会的发言提纲。

预设:

(1)从地球自身角度看:地球是唯一的,地球上的资源是有限的,所以我们要精心地保护地球,保护地球的生态环境。

(2)从太空的实际情况看:太阳系的其他七大行星都不具备存在生命的条件,人们至今尚未在地球以外的地方找到生命,地球之外是否有生命存在,是人类一直探索的宇宙之谜。

2. 优化提纲,开发布会。

提示:

(1)从现实问题导入:目前人类面临资源短缺、气候变暖等一系列生存问题,近年来气候、地质灾害频发,按照这一趋势,人类将会面临"灭顶之灾"。对此,有人提出了移居外太空的想法。

(2)科学支撑:根据调查研究,地球本身的局限性需要我们保护地球的生态环境;太空中尚未发现适合人类移居的星球,地球之外是否有生命还是一个谜。

(3)发布主题:地球是人类唯一的家园,我们需要好好爱护,且有义务爱护它。

任务三　生活中的表达

学习情境:纸上得来终觉浅,绝知此事要躬行。保护地球,刻不容缓。大家的研究应该走出课堂,走向社会,向全社会发出倡议——大家要保护环境,保护我们唯一的家园。

学习活动一：做一次调查

1. 设计调查问卷。

提示：根据主题与对象，确定一个环保的主题，如调查水资源的利用与保护情况。

调查问卷包括：(1) 调查说明；(2) 具体问题；(3) 文末致谢。

范例：

"水资源的利用与保护"调查问卷(小区居民)

水是生命之源，然而全球性水危机逐渐成了全球性社会问题。我们设计了此调查问卷以调查水资源的利用和保护情况。本问卷采取匿名形式，请您不要有任何顾虑。真诚地感谢您的支持！

请您回答以下问题：

一、选择题

1. 您的学历(　　)。

　　A. 初中或以下　　B. 高中　　　　C. 本科　　　　D. 硕士及以上

2. 您的年龄(　　)。

　　A. 20 岁以下　　B. 20～30 岁　　C. 30～40 岁　　D. 40～50 岁

　　E. 50 岁以上

3. 您生活中使用的水的水质如何？(　　)

　　A. 好　　　　　B. 一般　　　　C. 差　　　　　D. 很差

4. 您知道"世界水日"是每年的几月几日吗？(　　)

　　A. 3 月 22 日　　B. 3 月 12 日　　C. 5 月 31 日

5. 请问您家停水时您会怎么做呢？(　　)

　　A. 用桶装水　　B. 用以前存储的水　C. 在外面解决问题

6. 我国水资源人均占有量在世界上名列第(　　)位。

　　A. 20　　　　　B. 21　　　　　C. 120　　　　D. 121

7. 全球 13 个人均水资源最贫乏的国家中有中国吗？(　　)

　　A. 有　　　　　B. 没有

8. 下列家庭节水措施您能做到哪些？(　　)(多选)

　　A. 及时关紧正在滴水的水龙头。

B. 在厕所蓄水箱里装一个节水装置。

C. 不在中午浇花,因为中午阳光强,水易蒸发。

D. 在水龙头上装个流水控制器,可以节约大量水。

E. 在洗蔬果、洗手绢、刮胡子时,不让水龙头开着。

F. 在你家水龙头处写上"请注意节约用水"。

G. 外出时拧紧水龙头。

二、在您的日常行为后打"√"

1. 家里淘米的水不直接倒掉,而是二次利用,如用于浇花。　　（　　）

2. 在每次洗手搓肥皂的时候,总是开着水龙头。　　（　　）

3. 家里水龙头坏了的时候,总是第一时间就去修理。　　（　　）

4. 面对一些浪费水的行为,能勇于指出。　　（　　）

5. 经常泡浴缸。　　（　　）

6. 喜欢打水仗。　　（　　）

7. 经常看到节约用水的公益广告。　　（　　）

8. 曾经计算过一个滴水的水龙头究竟会浪费多少水。　　（　　）

三、问答题

您认为怎样利用水更环保合理?

再次感谢您的合作!

2. 整理调查问卷。

提示:

结合其他方面的信息对调查问卷进行整理、分析。如:(1)地球上水资源的分布,淡水资源的总量;(2)水资源的现状,如:目前淡水资源的浪费、污染情况;(3)水资源污染的原因,如:工业污染、生活污染等。

3. 总结调查问卷。

提示:可整合调查问卷的数据,制作饼状图、柱状图。分条目呈现调查问卷的结果。

学习活动二: 开一场联合会

1. 明确问题的原因。

提示：通过归纳、梳理，明确问题的原因，分清主要原因和次要原因，引导学生从主观因素上找问题的根源。

2. 研讨解决问题的措施。

提示：根据问题背后的原因，从各个主体入手，确定解决问题的措施。如，对于政府，应加大水资源保护的宣传力度，出台各种政策保护水资源；对于企业，应按要求合理利用水资源、处理废水；对于个人，生活中应提高对水资源的认识，从身边小事做起，合理利用水资源。

学习活动三：写一份倡议书

1. 读一则倡议书，明确倡议书撰写的要点。阅读统编教材六年级上册第六单元的习作例文《"节约用水"倡议书》，学习写倡议书。

提示：倡议书应包含标题、称呼、正文（现象、倡议点、倡议主题）、署名和日期。标题要鲜明，根据倡议内容选择标题，分点罗列倡议的内容，不能忘记署名和日期。

2. 写一份倡议书。根据以上的内容和要求，撰写一份关于环保的倡议书，要求有可行性。

提示：

确立评价标准，如：（1）内容有完整性、可行性；（2）要有说服力、感染力；（3）要在一定范围内产生持续性影响。

3. 发布倡议书。

提示：根据倡议的对象，在合适的地点发布倡议书，呼吁大家保护环境，保护地球。

（二）教学建议

1. 语言文字积累与梳理。思辨性阅读与表达是核心，但语言文字积累与梳理是基础学习任务。（1）读通读懂《书戴嵩画牛》：借助注释读懂课文，重点理解"搐""掉"等难字、"之"的不同意思、"锦""玉"等的词性活用；借助注释，把握每句话的意思；把握句内停顿，读熟并背诵课文。（2）积累不同种类的词语，如描述科学研究过程的词：观察、猜测、观测、考察等；又如科学术语：行星、恒星、天体系统、倾角、磁场、矿产资源等。（3）积累重点四字词语：沧海一粟、和蔼可亲、群星璀璨等。（4）积累名言："耕当问奴，织当问婢。"

2. 课时安排建议。"语言文字积累与梳理"3课时;"任务一：艺术中的真实"1课时;"任务二：科学中的推测"2课时;"任务三：生活中的表达"3课时。

3. 学习策略。(1)问题聚焦策略。思辨性阅读的关键在于分析问题,聚焦学生感兴趣且有思维空间的重要问题,才能有效提高学生的思维能力。《书戴嵩画牛》中对于同一幅画,杜处士与牧童有不同的态度,将学生的思维聚焦在探究态度不同的原因上,突出"角度"与"判断"的关系;实际上牛争斗时会"掉尾而斗",也会"搐入两股间",将学生的注意力集中在判断不同的根源上,突出"依据"与"判断"的关系。让学生进行更深层次的思考:基于怎样的"依据"才能作出正确的"判断"? 聚焦关键问题,让学生的思维能力得到提升。(2)思维图解策略。通过图表,将思维的过程直观形象地呈现出来,这样的学习策略有助于学生理解与把握作者的论证过程。比如学习《宇宙生命之谜》时,需要判断别的星球是否存在生命、是否适合人类生存,这时就可用图表的形式,将星球的现实条件和孕育生命的要求进行一一比对,就能清楚地呈现这个问题的研究过程,并得出结论,最后总结强调观点。(3)以评促学策略。评价标准就是学习目标,有目标就会有努力的方向,从而让学生对照标准,作自我评价及自我调整,实现反思性学习。撰写倡议书是一项具有挑战性的活动,学生需要在分析调查问卷的基础上写有针对性的倡议书,将"生活"与"语文"紧紧联系在一起,考验学生的思考力、分析力以及表达能力。通过集体讨论来确立倡议书的评价标准,旨在通过讨论加深学生对倡议内容的认识与认同。将倡议书公布,更是对学生的一种鼓励,也是一种鞭策,可以激发学生学习的热情。

⇒ 五、练习与测评

(一) 巩固练习

阅读小古文,完成练习。

(1) 按课文内容填空。

蜀中有杜处士,_____,_____。有戴嵩《牛》一轴,尤所爱,_____,_____。

一日曝书画,有一牧童见之,拊掌大笑,曰:"_____,牛斗,_____

_____,_____,今_____,谬矣。"处士_____。

古语有云:"_____,_____。"不可改也。

(2)"之"的不同含义。

有一牧童见之　_____

处士笑而然之　_____

(3)解释加点字的意思。

好书画,所宝以百数:_____

锦囊玉轴:_____

尾搐入两股间_____

掉尾而斗:_____

处士笑而然之:_____

(二) 成果测评

阅读《塑料带来的解脱与负担》,完成练习。

(1)填一填:认真读《塑料带来的解脱与负担》三遍,抓住"解脱"与"负担",
说说塑料的优缺点。

解脱:_____

负担:_____

(2)选一选:"有依据地判断"是本文表达的基本特点。说说下列选项中理
解恰当的一项。

A. 塑料 3D 循环打印机、可生物降解塑料的面世,标志着人们抗击塑料污
染之战的胜利。

B. 巴西桑坦德银行作为巴西第一家无塑料银行,将首先从抵制一次性塑料
制品的消费开始,逐步实现全面无塑料办公。

C. 每年造成数十万海洋动物死亡的根本原因是那些海中的难以降解的塑
料垃圾。

D. 欧洲议会已经通过法案,规定自 2021 年起全面禁止欧盟国家使用一系
列一次性塑料制品。

第十四讲　遇见鲁迅

——统编教材六年级上册第八单元"思辨性阅读与表达"学习任务群设计

一、主题与内容

（一）主题的确立

统编教材六年级上册第八单元以"鲁迅"为主题编排了四篇课文,有鲁迅的作品,也有其他人对鲁迅的回忆或评价,我们根据单元选文特征,设计了"遇见鲁迅"这一学习主题。

一是从生活角度看,认识鲁迅等先贤伟人是学生成长的需要。成长需要榜样,而先贤伟人就是学生成长道路上的好榜样。他们身上凝聚着优秀的品格,认识他们、学习他们,是形成良好个性与健全人格的好方法,也是树立正确的价值观念的好方法。同时,先贤伟人是中华优秀传统文化、革命文化和社会主义先进文化的重要代表。就像鲁迅先生,钱理群认为他是具有"原创性、民族精神、文化源泉性"的文学家与思想家。认识鲁迅就是让鲁迅精神扎根在学生心中,成为他们成长的养分,激励他们不断向上生长。

二是从学科角度看,多角度认识人是一种思辨性阅读。先贤伟人距离学生生活较为遥远,而文字是跨越时空的隧道。阅读材料可以是自己从各种渠道查到的人物生平资料,也可以是他们留下的作品、名言;可以是文学评论家的艺术评价,也可以是亲朋好友的回忆感受……人是立体的,如果断章取义,就容易形成"标签印象"。通过阅读不同的材料,学生可以自主建构对于特定人的认识,阅读的文字种类越丰富,他们对特定人的认识也就越全面。

三是从学习角度来看,多角度认识人是学生认识世界的方法之一。学生通过阅读学习,梳理情节内容、分析人物形象,发现作品背后隐藏的作者思想、投射的作者品格,逐步形成"识人"的学习认知方式。分析"特殊"的作品是为了理解同一类的人,发现"人"与"文"的关联。阅读文本,不仅是简单的文学阅读体验,更考验学生的逻辑思维和联结能力。

(二)内容的归属

《义务教育语文课程标准(2022 年版)》"思辨性阅读与表达"学习任务群包含了如下学习内容:"阅读关于中华传统美德、社会公德等方面的短论、简评,结合校园或社会生活中的实际事例,学习有理有据地口头或书面表达自己的观点……阅读哲人故事、寓言故事、成语故事等,感受其中的智慧,学习其中的思维方法。"这类学习内容旨在让学生把握"人"与"文"的关系,梳理故事情节或事件内容,分析人物形象,以理解作者或文中所描述的人。各类文字都能成为学生"识人"的依据,通过"多角度识人"的学习方式提升学生的思维能力。

六年级上册第八单元选编了以鲁迅为主题的不同类型的文本,为建构"思辨性阅读与表达"学习任务群提供了丰富的学习资源。因此,本单元以"思辨性阅读与表达"学习任务群组织教学。

(三)内容的组织

六年级上册第八单元以"走近鲁迅"为专题,选编了鲁迅的作品《少年闰土》《好的故事》,以及他人怀念鲁迅的文章《我的伯父鲁迅先生》、诗歌《有的人——纪念鲁迅有感》;课后的阅读链接选编了对鲁迅作品的文学评论。这些文本为"思辨性阅读与表达"学习任务群的设计提供了丰富的学习资源。

> **二、目标与评价**

教学目标	评价要求
能借助多种途径搜集资料,了解鲁迅生平和成就。	1. 能借助书籍、互联网等搜集鲁迅先生的资料,制作鲁迅年谱; 2. 能初步理解鲁迅先生名言的含义,并分类; 3. 能将搜集到的资料按照一定的规律进行整合,制作一张有创意、美观的"鲁迅名片"。

教学目标	评价要求
能用较快的速度默读课文,试着用自己的话概括出文中的主要事件,理解和把握课文主要内容。	1. 能通过列表格、绘制思维导图等方式准确梳理、概括主要事件; 2. 能通过事件理解和把握课文的主要内容和作者所要表达的情感。
借助课文和相关资料,理解含义深刻的句子,体会作者运用对比、象征手法的作用。初步感受鲁迅的人物形象,体会其伟大、高尚的人格。	1. 能找到含义深刻的语句,并分析其艺术手法; 2. 能借助课文和相关资料,理解语句中蕴藏的深刻含义; 3. 能通过语句的深刻含义初步感受鲁迅的形象,体会他的志趣追求和高尚人格。
能通过描述印象深刻的场景,把事情写具体,表达出自己对鲁迅先生的真挚情感。	1. 能把令人印象深刻的场景描述具体; 2. 能通过描写场景或事件抒发对鲁迅先生的真挚情感。

▷ 三、情境与任务

　　"遇见鲁迅"学习主题的关键词就是"鲁迅",通过不同的角度来认识鲁迅及像他 样的先贤伟人。紧扣"读文识人",可以从不同角度创设不同的学习情境。一是读资料识人。知人论世是文学阅读中重要的阅读方法。个人的成长经历、所作所为,影响着他的性格与追求。以"百度中的鲁迅"为情境任务,组织学生查找资料、梳理人物时间线、制作人物名片,从资料中初识鲁迅。二是读作品识人。读故事,品人物,不能只看到故事和人物本身,作品中的人、事、景、物都反映着作者的心迹与追求,会阅读的人能通过作品认识背后的作者。以"听先生讲自己"为情境任务,鉴赏鲁迅作品中那些典型的人物、内涵深刻的语句和意象,探究他的写作意图,了解鲁迅是怎样的人。三是读评论识人。艺术评论家们的解读或者是亲朋好友的回忆、感受,能帮助我们认识人物的全貌。以"听他人讲先生"为情境任务,从他人的作品中看到先生的音容笑貌,最后再结合自己的感受写一写、讲一讲,体会如何从多角度认识人。由此,我们针对"遇见鲁迅"这一学习主题,围绕"多角度认识人",设计了三个前后连贯的情境任务,建构了学习主题统领下的任务单元(见下图)。

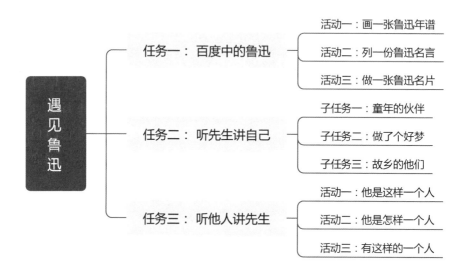

为了更好地完成三个学习任务,我们依据"教人做事"的实践逻辑,将情境任务作了活动分解,设计了结构化的活动链。

任务一:百度中的鲁迅。通过网上查资料等方式搜集鲁迅的生平资料,绘制鲁迅年谱,产生对先生的初步印象;然后通过多种方法搜集鲁迅先生的名言,说说对于鲁迅名言的理解,最后制作一张内容丰富、形式优美的鲁迅名片,在班级展示。

任务二:听先生讲自己。通过阅读课文《少年闰土》《好的故事》了解鲁迅先生笔下的童年好友和他做的一个好梦,发现鲁迅先生真正想要说的话,并以此了解鲁迅先生的奋斗目标和不懈追求;再通过补充阅读,体会鲁迅笔下其他人物的形象特征,来完善对于鲁迅先生本人的印象。

任务三:听他人讲先生。通过阅读课文《我的伯父鲁迅先生》《有的人——纪念鲁迅有感》,听听鲁迅周边的人和其他作家是如何评价鲁迅的,进一步加深对于鲁迅其人的理解和认识。最后,通过主题演讲活动"有这样一个人"全方位介绍我们眼中的鲁迅先生。

（一）活动设计

任务一　百度中的鲁迅

学习情境：先贤伟人离我们很遥远，要认识他们，可以先查阅资料，了解他们的人生轨迹，看看他们所做的事情、所说的话、所写的文，借助这些零散的资料形成对他们最初的认识。

学习活动一：画一张鲁迅年谱

1. 说一说：交流查到的鲁迅生平资料。

提示：按照"年份＋事件"的形式表达交流。

2. 写一写：完成"鲁迅年谱"。

提示：选择鲁迅一生中关键事件。

例如：

鲁迅年谱

生于浙江绍兴，姓周，名树人，字豫才，小名樟寿。						与朋友合办半月刊《海燕》；同年，因肺病逝世。
1881年	1892年	1918年	1919年	1923年	1924年	1936年
	入私塾三味书屋，师从寿镜吾先生。					

学习活动二：列一份鲁迅名言

1. 说一说：交流查到的鲁迅名言。

2. 理一理：把不同的名言进行归类。

提示：鲁迅名言可以根据主题分成不同类别。

预设：

关于勤奋，例如："哪里有天才，我是把别人喝咖啡的工夫都用在工作上了。"

关于友谊，例如："友谊是两颗心真诚相待，而不是一颗心对另一颗心敲打。"

关于读书，例如："读书应自己思索，自己做主。"

关于理想，例如："横眉冷对千夫指，俯首甘为孺子牛。"

……

言之有理即可。

3. 议一议：谈谈自己对名言的理解。

提示：只要能表达自己的理解即可。

学习活动三：做一张鲁迅名片

1. 议一议：一张人物名片可以包含哪些内容？

预设：人物肖像、身份信息、主要人生经历、代表作、代表名言、历史地位、主要贡献等。

2. 做一做：同桌合作完成鲁迅人物名片。

提示：

（1）教师可提供人物名片卡，学生可以以人物名片卡为支架，也可以自己发挥。

（2）把各组的鲁迅人物名片卡收集起来，制作成人物名片集。

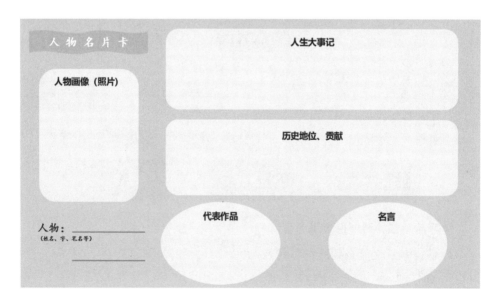

小结：当我们遇到比较陌生的人物时，可以通过查找资料的方式，利用碎片化的资料形成对人物的初步认识。

任务二　听先生讲自己

学习情境：一个人的作品中藏着他的品性与追求……要认识他们，先读读他们的文章，看看他们笔下的人、事、景、物，发现藏在文字背后的人。

子任务一　童年的伙伴

学习活动一：从"故事"中读懂鲁迅

1. 理一理："我"与少年闰土的关系发生了怎样的变化。

相识（　　　）—相知（　　　　）—分别（　　　　）

预设："我"和少年闰土从相识时的"主仆关系"到相知时"成为朋友"，最后分别时已经"成为挚友""亲如兄弟"。

2. 说一说：闰土给"我"讲了哪些新鲜事，用自己的话概括。

提示：在朗读的基础上用简练的语言进行概括。

预设：文中有四件新鲜事，分别是雪地捕鸟、海边拾贝、瓜地刺猹、潮汛看鱼。

3. 议一议：除了这四件新鲜事，文中还插入了三段话。读一读看看出现了几个"不知道"，再议一议鲁迅为什么写这么多个"不知道"?

> （1）我那时并不知道这所谓猹的是怎么一件东西——便是现在也没有知道——只是无端的觉得状如小狗而很凶猛。
>
> （2）我素不知道天下有这许多新鲜事：海边有如许的五色的贝壳；西瓜有这样危险的经历，我先前单知道他在水果店里出卖罢了。
>
> （3）阿！闰土的心里有无穷无尽的希奇的事，都是我往常的朋友所不知道的。

预设：鲁迅对闰土的生活十分向往，羡慕闰土有如此广阔的生活天地、有如此自由的生活空间、有如此丰富的生活经历。

4. 想一想：阅读《从百草园到三味书屋》的选段，再联系课文想一想鲁迅的几个"不知道"背后，到底藏着对自己生活怎样的态度？

补充阅读一：《从百草园到三味书屋》（节选）

"先生，'怪哉'这虫，是怎么一回事？"我上了生书，将要退下来的时候，赶忙问。

"不知道！"他似乎很不高兴，脸上还有怒色了。

我才知道做学生是不应该问这些事的，只要读书，因为他是渊博的宿儒，决不至于不知道，所谓不知道者，乃是不愿意说。年纪比我大的人，往往如此，我遇见过好几回了。

我就只读书，正午习字，晚上对课。先生最初这几天对我很严厉，后来却好起来了，不过给我读的书渐渐加多，对课也渐渐地加上字去，从三言到五言，终于到七言。

预设：鲁迅虽然儿时家庭生活优越，但他向往自由丰富的生活，不喜欢家庭的束缚，不喜欢旧时私塾的死板陈旧。他追求的是一个人精神世界的自由、丰富、鲜活。课文中三段鲁迅的心里话其实也是说出了所有孩子的心声。

学习活动二：从"人物"中读懂鲁迅

1. 猜一猜：闰土给鲁迅讲了四件新鲜事，哪件事给鲁迅留下的印象最深？

预设："瓜地刺猹"。文章的第一段就回忆了瓜地刺猹的画面，其中闰土的形象、闰土做的事以及当时的环境作者都记得清清楚楚。

2. 读一读：朗读"瓜地刺猹"的内容，体会画面的美好，想想你看到了一位怎样的少年？

提示：

（1）学生交流，发现环境中的色彩美与动态美。

（2）朗读时，写宁静的景的部分读得要舒缓一些，读出优美的感觉；写威风的少年的部分读得要激动一点、快一点、有力一点，表现出少年充满活力。

预设：闰土是一个勇敢、机敏、充满活力的农村少年。

3. 比一比：阅读《故乡》(节选)中鲁迅三十年后重见"中年闰土"的内容,学生边默读边圈画对闰土的描写,批注中年闰土的形象特点。

补充阅读二：

　　这来的便是闰土。虽然我一见便知道是闰土,但又不是我这记忆上的闰土了。他身材增加了一倍;先前的紫色的圆脸,已经变作灰黄,而且加上了很深的皱纹;眼睛也像他父亲一样,周围都肿得通红,这我知道,在海边种地的人,终日吹着海风,大抵是这样的。他头上是一顶破毡帽,身上只一件极薄的棉衣,浑身瑟索着;手里提着一个纸包和一支长烟管,那手也不是我所记得的红活圆实的手,却又粗又笨而且开裂,像是松树皮了。

　　我这时很兴奋,但不知道怎么说才好,只是说:

　　"阿!闰土哥,——你来了?……"

　　我接着便有许多话,想要连珠一般涌出:角鸡,跳鱼儿,贝壳,猹,……但又总觉得被什么挡着似的,单在脑里面回旋,吐不出口外去。

　　他站住了,脸上现出欢喜和凄凉的神情;动着嘴唇,却没有作声。他的态度终于恭敬起来了,分明的叫道:

　　"老爷!……"

提示：与少年时的闰土作对比。

预设：曾经精神富足的闰土变得麻木迂腐,曾经健康的闰土如今变得苍老,曾经活泼机敏的闰土变得木讷,曾经快乐的闰土变得凄凉……

4. 议一议：为什么闰土会变成这样?

要点：根据《故乡》内容和当时的时代背景猜测闰土变化的原因,如生活所迫、农村生活贫苦、收成不好、时代悲剧等。

5. 想一想：闰土的变化让鲁迅看到了什么? 从中你认识到鲁迅是怎样的一个人?

预设：鲁迅看到了当时社会的贫富悬殊和封建礼教对百姓精神上的毒害;由此发现鲁迅先生心系天下,忧国忧民。

子任务二　做了个好梦

学习活动一：朗读想象，读出故事的情趣。

1. 读一读：学生朗读课文第4至9自然段"好的故事"部分，读出故事中的"情趣"。

提示：文章第5、第7自然段长句与短句交错，且文白夹杂，学生需多读几遍，教师需指导学生读好长句，感受所写的景物与画面之美。

出示句段：我仿佛记得曾坐小船经过山阴道……并水里的萍藻游鱼，一同荡漾。

（1）找一找：这个长句中写了几样事物，可以切换成几个画面镜头？

预设：19样事物。大致可以分成"树木花草、家禽、房屋建筑、村民和尚、云天竹海"5个镜头。

（2）比一比：如果将景物分类写成"我仿佛记得曾坐小船经过山阴道，两岸边的树木花草、家禽、房屋建筑、村民和尚、云天竹海都倒映在澄碧的小河中……"是不是更好？

提示：作者是故意不厌其烦地一样一样写出来的，表明他坐在小船上，悠然自得，心旷神怡，一样事物一样事物地欣赏。

2. 想一想：找出文中作者"故意"这么写，而一般人不会这么写的语句，揣摩作者想要表达的特别的思想感情。

预设：作者翻来覆去不厌其烦地写这些景物表明作者沉醉在美丽、优雅、有趣的景色中，看不厌、看不尽。如"茅屋，狗，塔，村女，云……"在文中多次出现。

学习活动二：参考解读，从"梦"中读懂鲁迅。

1. 比一比：鲁迅在文中所写的"故事"与我们常说的"故事"的不同之处。

提示：可以从组成故事的要素来比较，结合课文内容有依据地说。

预设：一般的"故事"要有生动的人物、曲折的情节和典型的环境；而鲁迅所写的"故事"却只有环境和景物，没有事件和情节。他将工作之余闭眼打了个盹，恍惚之间做的一个"梦"称为"故事"。

2. 说一说：鲁迅在文中说，这个"好的故事"在一刹那之间消失了，眼前还是一个"昏沉的夜"。说说自己对于"好的故事"与"昏沉的夜"的理解。

提示：引导学生先通过对比两者发现反差，再借助课后的"名家解读"谈谈理解,发现象征意义。

预设:"好的故事"象征着自由、安宁、美好的生活,鲁迅渴望这样的生活;"昏沉的夜"象征着鲁迅当时所处的黑暗而残酷的现实。两者是对立的,是矛盾的。

3. 想一想:为何梦醒后明知只是一个梦,身处黑暗的鲁迅却依旧说"真爱这一篇好的故事""总记得见过这一篇好的故事",这体现了鲁迅怎样的心情?

预设:当时的鲁迅充满了对现实世界的怅惘与失望,也充满了对理想世界的渴望。但鲁迅虽然身处黑暗中,却依旧心怀希望、向往美好。

子任务三 故乡的他们

学习活动一:故乡的杨二嫂

1. 比一比:鲁迅的《故乡》还写了曾经的邻居——杨二嫂。鲁迅说二十年前的杨二嫂曾经是一个豆腐西施,"因为伊,这豆腐店的买卖非常好"。对比补充阅读三和四,想一想现在的杨二嫂有何变化?

补充阅读三:

我孩子时候,在斜对门的豆腐店里确乎终日坐着一个杨二嫂,人都叫伊"豆腐西施"。但是擦着白的粉,颧骨没有这么高,嘴唇也没有这么薄,而且终日坐着,我也从没有见过这圆规式的姿势。那时人说:因为伊,这豆腐店的买卖非常好。

补充阅读四:

(1)我吃了一吓,赶忙抬起头,却见一个凸颧骨,薄嘴唇,五十岁上下的女人站在我面前,两手搭在髀间,没有系裙,张着两脚,正像一个画图仪器里细脚伶仃的圆规。

(2)"那么,我对你说。迅哥儿,你阔了,搬动又笨重,你还要什么这些破烂木器,让我拿去罢。我们小户人家,用得着。"

(3)"阿呀阿呀,真是愈有钱,便愈是一毫不肯放松,愈是一毫不肯放松,便愈有钱……"圆规一面愤愤的回转身,一面絮絮的说,慢慢向外走,顺便

将我母亲的一副手套塞在裤腰里，出去了。

（4）母亲说，那豆腐西施的杨二嫂，自从我家收拾行李以来，本是每日必到的，前天伊在灰堆里，掏出十多个碗碟来，议论之后，便定说是闰土埋着的，他可以在运灰的时候，一齐搬回家里去；杨二嫂发现了这件事，自己很以为功，便拿了那狗气杀，飞也似的跑了，亏伊装着这么高底的小脚，竟跑得这样快。

提示：关注加粗的词句，解读杨二嫂的外形、行为等信息，可以用"曾经……的杨二嫂如今变得……"的句式来说一说发现。

预设：曾经美貌的豆腐西施如今变成了"凸颧骨，薄嘴唇"的"细脚伶仃的圆规"，看来生活并不如意；曾经豆腐店生意非常好的杨二嫂如今想方设法在邻居搬家时捞东西，可见生活十分窘迫；曾经"终日坐着"的豆腐西施如今变得泼辣放肆，为了从"我"家拿东西，虚伪吹捧，尖酸讽刺，甚至中伤闰土偷碗……

2. 议一议：补充资料，猜一猜杨二嫂形象发生如此大变化的原因。

补充阅读五：

　　辛亥革命后，君主专制制度的确是被推翻了，但是取而代之的是落后军阀官僚的统治。帝国主义在中国攫取了大量政治、经济利益，严重损害中国主权。由于这双重的压迫，中国的广大人民，特别是农民，日益贫困，过着饥寒交迫且饱受欺压的生活。

提示：学生根据材料简要归纳原因，其更深层的原因教师可提示学生课后查阅资料进一步思考。

预设：生活的贫困、农村经济衰败、小市民市侩贪婪的恶习……

3. 想一想：杨二嫂和闰土的形象有何不同？又有何相同？

提示：可以从人物身份、性格、思想等角度思考，学生言之有理即可。

预设：

不同点：闰土受传统封建思想影响，是一个精神愚昧麻木的农民，而杨二嫂是一个斤斤计较又势利的小市民。

共同点：杨二嫂和闰土都深受压迫，生活逐渐拮据贫困；思想上都逐渐变得迂腐落后。可见，在当时的社会环境下，无论是忠厚的农民，还是精明的小市民，都难以摆脱社会的"黑暗"，难以过上好日子。

学习活动二：故乡的孩子们

1. 想一想：宏儿是鲁迅的侄子，水生是闰土的第五个儿子，这两个孩子就如儿时的鲁迅与小闰土一般相处甚欢，甚至离别时宏儿还念念不忘水生，请你读读材料，想一想：为什么这两个孩子没有"我"和闰土现在的距离感？

补充阅读六：

（1）宏儿听得这话，便来招水生，水生却松松爽爽同他一路出去了。

（2）宏儿和我靠着船窗，同看外面模糊的风景，他忽然问道："大伯！我们什么时候回来？"

"回来？你怎么还没有走就想回来了。"

"可是，水生约我到他家玩去咧……"他睁着大的黑眼睛，痴痴的想。

预设：宏儿和水生就像儿时的鲁迅与儿时的闰土一样，还没有受到封建等级观念的毒害，心中没有不平等的等级观念，所以能够亲近。

2. 猜一猜：鲁迅希望宏儿和水生过上怎样的生活？你读到了怎样的鲁迅？

补充阅读七：

（1）我想：我竟与闰土隔绝到这地步了，但我们的后辈还是一气，宏儿不是正在想念水生么。我希望他们不再像我，又大家隔膜起来……然而我又不愿意他们因为要一气，都如我的辛苦展转而生活，也不愿意他们都如闰土的辛苦麻木而生活，也不愿意都如别人的辛苦恣睢而生活。他们应该有新的生活，为我们所未经生活过的。

（2）我想：希望是本无所谓有，无所谓无的。这正如地上的路：其实地上本没有路，走的人多了，也便成了路。

预设：鲁迅希望他们能够过上幸福的新生活，而这种新生活需要有人去开拓。由此，我们看到了对新世界依旧满怀希望的鲁迅。

小结：我们要了解一个人，可以阅读他的作品，看看他笔下的人与事，他的思想其实就在他的文字中缓缓流淌。

任务三　听他人讲先生

学习情境：了解人的角度有很多，读别人的评述和回忆也能帮助我们认识一个人。读读回忆的故事，看看别人眼里，他又是怎样一个人，我们对"他"的认识会更完整。

学习活动一：他是这样一个人

1. 读一读，填一填：默读课文，抓住关键词语，用简洁的话概括事件内容。再想一想这几件事是用一根什么线串起来的？写在最后的空格里。

	事件	什么事	
回忆往事	1	谈《水浒传》。	为自己想得少，为别人想得多。
	2	谈"碰壁"。	
	3	放花筒。	
	4	救助车夫。	
	5	关心女佣。	

2. 说一说：在哪些事件中，"我"还没读懂伯父？没懂的部分实际上是什么意思？你能结合补充材料读懂吗？

补充阅读八：

　　鲁迅先生生活的时期正是国民党统治的时期。当时，劳动人民过着饥寒交迫的悲惨生活。鲁迅先生为了唤醒民众，写文章揭露社会的阴暗面，反动派很害怕，不许他发表文章，还要逮捕他。鲁迅先后用了一百多个笔名，巧妙地和反动派进行斗争。鲁迅先生多次面临被暗杀的危险,许多认识他的人都劝他躲一躲,不要出门,但他仍坚持参加各种活动,而且有时出门不带钥匙,意思是随时准备牺牲。

提示:谈"碰壁"时"我"自认为理解了"黑洞洞"和"碰壁"的意思,其实并不懂;放花筒过程中"我"不懂伯父的脸上为什么出现"我"从来没看见过的愉快的表情;救助车夫时"我"不懂伯父回答的话的含义,也不懂伯父为什么变得那么严肃沉重。

"四周黑洞洞的"指的是当时社会黑暗,人民受到压迫。"碰壁"是指鲁迅与反动派作斗争时受到挫折与迫害。看到火花在我们眼前飞舞,看到花筒艳丽的色彩,他似乎看到了中国的希望和光明的未来,看到了人民幸福美好的生活。他看到像车夫一样的劳动人民的悲惨生活,对劳动人民是同情的、关切的,对统治者是愤怒的、仇恨的。

3. 说一说:阅读他人对鲁迅的评价,说说在他们眼中鲁迅是一个怎样的人。

补充阅读九:

(1)毛泽东:鲁迅是在文化战线上,代表全民族的大多数,向着敌人冲锋陷阵的最正确、最勇敢、最坚决,最忠实、最热忱的空前的民族英雄。

(2)巴金:鲁迅先生就是这样的先驱,他敢讲真话,追求进步,爱憎分明,横眉冷对千夫指,俯首甘为孺子牛。

(3)萧红:生活中鲁迅是一个直率、随和、善解人意、不死板、脾气好、有涵养、知识面广、勇敢的人,有超群的智慧、广阔的胸襟和可亲可敬的个性品质,跟普通人一样,拥有喜怒哀乐。

提示:学生言之有理即可。

学习活动二:他是怎样一个人

1. 想一想:朗读《有的人——纪念鲁迅有感》,读到了几种"有的人",分别指怎样的人?

预设：一种是像鲁迅那样"死了却活着"的人；另一种是与鲁迅对立的"活着却死了"的人，即当时的反动统治者们。

2. 填一填：这两种人分别有什么行为与结局，为什么要写与鲁迅相对立的人呢？

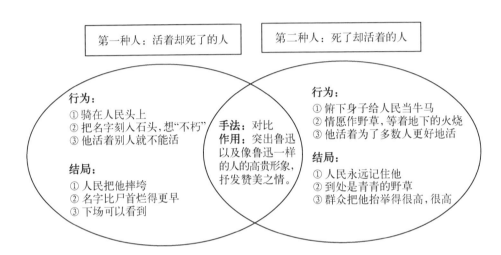

提示：先交流两种人的不同行为与结局，再交流写作手法与作用。

3. 说一说：臧克家抓住了与鲁迅有关的三句话：① 俯下身子给人民当牛马；② 情愿作野草，等着地下的火烧；③ 他活着为了多数人更好地活。查找资料，找找出处，说说自己的理解。

提示：前两句有具体的出处，结合出处进行理解即可，最后一句没有具体出处，学生可以结合所学课文或从鲁迅的其他作品、行为中寻找依据。

预设：第一句出自《自嘲》，表达了鲁迅甘愿做一个低下头为人民服务的人。第二句出自《野草·题辞》，鲁迅把自己比作了野草，为了扫除旧社会的黑暗、腐朽，他情愿与旧社会一起被革命烈火烧掉，这是一种为革命无私奉献的精神；第三句没有具体的出处，但《我的伯父鲁迅先生》中伯父就是这样的一个人，他为自己想得少，为别人想得多，对《故乡》中的闰土、水生、宏儿等人物、《孔乙己》中的孔乙己等人物的刻画中都反映了鲁迅希望他们能"更好地活"的思想。

4. 议一议：联系背景与生活，说说对第一小节中"活"与"死"的理解。

预设：第一个"活"是指人肉体的存活，第一个"死"是指精神已死；第二个"活"是指精神的永存，第二个"死"是指肉体死亡。像鲁迅一样的人"虽死犹生"，他们永远活在人民心中；而反动统治者们在人民心中"虽生如死"，他们对外不抵抗，对内压迫人民，受到人民的痛恨和咒骂。

5. 读一读：阅读阿累的《一面》、郁达夫的《怀鲁迅》、章玉安的《假如他还活着》等，借助他人的文字认识鲁迅。

小结：我们要了解一个人，还要读读别人写他的作品，才能全面地理解他、认识他，才能找到他与众不同的地方。

学习活动三：有这样的一个人

1. 列一列：如果用一个词来形容鲁迅，你会用哪个词？列一列，并说一说理由。

2. 写一写：完成一份演讲稿来介绍鲁迅。

要点：围绕所列鲁迅的人物特点，用上查到的鲁迅具体事迹，再借用鲁迅自己的话、他人评价鲁迅的话，并结合"我"自己对鲁迅的理解等来撰写演讲稿，表达对事件的评价与对人物的认识。

3. 讲一讲：学生练习演讲，在班级内开展主题演讲《有这样的一个人》。

提示：演讲时设置三位评委，根据演讲评分表对选手进行打分，奖励表现优异的同学。

要点：学生多角度介绍鲁迅先生，从中真切地感受到鲁迅先生不仅是一位大文豪、青年的大朋友，他曾经也是一个孩子、家中的大哥、一个尽职的丈夫、一位可亲的父亲……他是那么平凡，又是那么不平凡。他是中华民族的脊梁。

演讲评分表			
姓名：		演讲主题：	
评价项目	评价要点	分值	得分
演讲内容 （50分）	人物特点鲜明，符合实际。	10	
	选用事例具有真实性、典型性，事迹生动感人，能够准确体现人物特点。	15	
	能够借用鲁迅自己的话来体现人物思想性格。	5	
	能够客观借用他人对鲁迅的评价来体现人物思想性格。	5	
	能够针对事例，谈一谈自己对鲁迅行为或者思想的理解。	10	
	演讲稿结构严谨，构思巧妙，文字简练流畅。	5	
语言表达 （30分）	演讲者语言规范，吐字清晰，声音洪亮。	10	
	演讲者表达流畅、准确、自然。	10	
	演讲者语速恰当，语气、语调、音量、节奏等能配合思想情感适当起伏。	10	
形象效果 （20分）	演讲者精神饱满，能较好地运用姿态、动作、手势、表情等表达对演讲稿的理解。	10	
	演讲有较强的感染力、吸引力，能与观众有情感的交流和共鸣，演讲时间控制在 6 分钟以内。	10	

（二）教学建议

1. 语言文字积累与梳理。思辨性阅读与表达是核心，但语言文字积累与梳理是每个单元的基础学习任务。（1）通读《少年闰土》《好的故事》，借助注释理解课文中生僻的字词句,重点理解两篇课文中的文言词、方言词和鲁迅特有的"错别字",了解鲁迅写作的语言特色,把握文章大意;(2)发现《少年闰土》中令人印象深刻的画面——瓜地刺猹的写作秘密,发现表示颜色的词与表示动作的词对于描绘画面的作用;(3)日积月累:积累鲁迅的名言,师生适当分享搜集的鲁迅的其他经典名句,理解并背诵。

2. 课时安排建议。"语言文字积累与梳理"1课时;"任务一:百度中的鲁迅"2课时;"任务二:听先生讲自己"4课时;"任务三:听他人讲先生"3课时。

3. 学习策略。(1)图表组织策略。将主要事件通过图表的方式呈现,能有效帮助学生梳理故事情节,找到关键事件并进一步分析人物形象。可将《少年闰土》中闰土给鲁迅讲的新鲜事、《我的伯父鲁迅先生》中侄女回忆的鲁迅的故事、《有的人——纪念鲁迅有感》中对于两类人的比较等通过列表格的方式呈现,引导学生梳理、归纳文章内容;又如《有的人——纪念鲁迅有感》一课的教学中,可通过列表的方式联系比较作者笔下两种不同人的做法以及作者对他们的态度,从而推理出作者的倾向和性情,进行思辨性阅读。(2)分析还原策略。经典的文章往往离学生有一定的距离,简单的讲述无法帮助学生理解作者当时的感情和志趣。找到文章中生僻难懂的字词、含义深刻的语句,对比分析,借助背景资料还原作者写作时的人生经历和时代背景等,架起学生与作者对话的桥梁,拉近学生与文本的距离,帮助学生读透文本,读懂含义,读到故事背后的作者,建立联结思维。(3)读写结合策略。学生能否了解鲁迅、读懂鲁迅,最好的检测方式是表达。通过抓取鲁迅生平令人印象深刻的事迹,体会鲁迅先生的性格特征和高尚品格;通过分析鲁迅笔下的故事、人物,体会鲁迅的志趣追求和奋斗目标,并通过演讲的方式有理有据地表达自己的观点和看法,对于高年段的学生而言,可以有力地培养其联结思维和批判性思维,从而提升其思辨能力。

（一）单元练习

1. 古今对比写汉字。

石油,旧时指_____

伽蓝,那时指_____

蒙胧,现在写作_____

膝髁,现在写作_____

2. 在加点字的正确读音下打"√"。

参差(chāi cī)　　　　　　正(zhēng zhèng)月

三更(gēng gèng)　　　　　明晃(huǎng huàng)晃

供(gōng gòng)品　　　　　水浒传(zhuàn chuán)

3. 选词填空。

深刻　深奥

(1) 伯父的回答我现在记不清了,只记得他的话很(　　　　　),不容易懂。

(2) 这件事给我留下了(　　　　　)的印象。

恭敬　尊敬　孝敬

(1) (　　　　　)父母是我们中华民族的传统美德。

(2) 我(　　　　　)地鞠了一躬,把书塞进帆布袋,背起来,便走出了书店的门。

(3) 老师为了培养祖国的下一代付出了很多,我们应该(　　　　　)他们。

（二）单元测评

1. 填一填:根据语境补充名言警句或作品名称。

(1) 鲁迅先生在小说《故乡》中说:"_____,走的人多了,也便成了路。"这句话启发我们要勇于开拓。

(2) 无论身处何方,我们都要记住鲁迅先生在《学界三魂》里说的一句话:

"_____,惟有他发扬起来,_____。"

（3）什么才是中国的脊梁？鲁迅告诉我们："我们从古以来，就有_____的人，有_____的人，有_____，有_____……这就是中国的脊梁。"

（4）鲁迅先生逝世后，友人撰写了这样一副挽联："译著尚未成功，惊闻陨星，中国何人领呐喊？先生已经作古，痛忆旧雨，文坛从此感彷徨。"这副挽联中巧妙地嵌入了鲁迅两部小说集的名称，它们分别是：_____和_____。

2. 连一连。将鲁迅笔下的人物与作品对应起来，并选出印象最深刻的一个人物（可自选其他印象深刻的人物），说说理由。

孔乙己　　　　　　　　《故乡》

闰土　　　　　　　　　《孔乙己》

杨二嫂　　　　　　　　《阿Q正传》

阿Q　　　　　　　　　《狂人日记》

我印象最深的是鲁迅先生笔下的_____，因为_____

_____

_____

3. 读一读《社戏》，想一想问题。

（1）列一列，文章写了哪几件事？

（2）说一说，你最喜欢故事中的谁？为什么？

（3）想一想，课文结尾说："真的，一直到现在，我实在再没有吃到那夜似的好豆，——也不再看到那夜似的好戏了。"对这个结尾应该怎样理解？你在生活中有这样的体会吗？

第十五讲　用事实说话

——统编教材六年级下册第五单元"思辨性阅读与表达"
学习任务群设计

一、主题与内容

（一）主题的确立

统编教材六年级下册第五单元所选文为说理文。我们根据选文特点,设计了"用事实说话"这一学习主题。

一是从生活角度看,"用事实说话"是生活的基本准则。生活中的诚信之人,不仅要言而有信,而且要有依据,所说的话要以事实为依据。要对自己所说的话负责,不以自己的喜好作判断,也不以自己的利益作标准,更不以人际关系的亲疏为准绳。"用事实说话"是做人、做事的基本准则。对不实的传言保持警惕,以事实来明断是非对错,不以讹传讹;对他人的表扬或者批评,都要从事实出发,不说假话、空话、套话及气话,让人心悦诚服。

二是从学科角度出发,"用事实说话"是语文的必备能力,体现了价值观念。通俗地讲,语文要教人"能用语言做成事"。"会说话"就是一种能力,"说正确的话"关乎必备品格,"用事实说话"则体现了"实事求是"的价值观念。尊重事实,基于事实,运用事实,所说的话、所写的文章,才有真实的力量。无论是阅读还是表达,都要区分客观事实与主观观点,思考、辨析观点与事实的逻辑关系,从而提升理性思维的水平,增强理解力。

三是从学习角度来看,"用事实说话"是说理的基本方法。学生在寓言学习中,学到了用故事说道理的方法,采用的是"类比思维",一个故事从不同的角度可以作出不同的解读,得到不同的启示。"用事实说话",围绕一个观点用不同的事例加以佐证,或者通过不同的事例推理出一个观点,采用的是"逻辑思维",注重"事"与"理"之间的因果关系,更具说服力,是说理的基本方法。

(二) 内容的归属

《义务教育语文课程标准(2022年版)》第三学段"思辨性阅读与表达"学习任务群包括四个方面的学习内容,其中一个方面是有理有据地表达自己的观点:"阅读关于中华传统美德、社会公德等方面的短论、简评,结合校园或社会生活中的实际事例,学习有理有据地口头或书面表达自己的观点。"这个学习任务旨在通过阅读短论、简评,学习运用"例证法"来表达自己的观点,培养学生的责任意识和理性精神。

六年级下册第五单元选编了一组以"用具体事例说明观点"为主题的说理性课文,为构建"思辨性阅读与表达"学习任务群提供了丰富的学习资源。因此,本单元以"思辨性阅读与表达"学习任务群组织教学。

(三) 内容的组织

我们以统编教材六年级下册第五单元的《学弈》《两小儿辩日》《真理诞生于一百个问号之后》三篇说理文为基础,并额外选了同册教材第四单元中的《为人民服务》和神话故事《哪吒闹海》及自编绘本《玩具风波》作为本单元的学习资源,设计了"思辨性阅读与表达"学习任务群。

-------------- ➡ 二、目标与评价 --------------

教学目标	评价要求
能以实事求是的态度看待他人的观点言论,形成"用事实来说话"的生活准则,养成负责任地表达的生活习惯。	1. 比较阅读《哪吒闹海》中不同人物对同一事件的不同说法,梳理他们的观点。 2. 基于不同人物的立场,分析不同观点的是非对错。 3. 能分清文学性作品中的观点是基于事实还是个人情感。

教学目标	评价要求
能在生活情境中,依据事实作出分析与判断,增强是非辨别能力,提升基于证据推理的逻辑思维水平。	判断生活情境中,各方言论是基于事实还是情感。
能在阅读中运用概括观点、画结构图、推理判断等方法,区分观点和事实,提升阅读思辨能力。	1. 阅读选文,利用列表格、画思维导图等方式提炼观点和事实。 2. 运用分析、推理的方法,说明事实与观点的联系。 3. 借助文本结构图,讲清观点与论述角度的逻辑关系。 4. 借助关联词,分析把握论述的过程。 5. 运用批判性思维,质疑作者的观点,并用事实论述自己的看法。 6. 迁移论述的基本方法,能围绕"有志者事竟成"或"玩也能玩出名堂"列举合适的事实作论据。
能在问题情境中,摆事实讲道理,作负责任的劝解和有说服力的演讲,提高有理有据理性表达的能力。	1. 对言论进行理性分析,判断是非对错。 2. 根据事件、现象,作出自己的思考,并能基于正确的价值观念,形成正确的观点。 3. 围绕观点,选择事例,列演讲提纲。 4. 根据不同的对象,选择合适的演讲观点,做8分钟演讲。 5. 根据演讲的表现,从说服力、感染力等角度进行自我评价或对他人演讲作出评价。 6. 能用"用事实说话"的方法,成功劝说别人。

➡ 三、情境与任务

　　"用事实说话"学习主题的完整表达是"用事实说观点",关键词是"事实"与"观点"。依据事实,判断他人观点的对错;基于事实,有理有据地表达自己的观点。紧扣"事实"与"观点",可以从不同的角度创设不同的学习情境。一是迷局中的"明白人"。日常生活中,我们常常会遇到这样的困惑:同一件事,不同的当事人有不同的说法,不同的旁观者也有不同的议论,公说公有理,婆说婆有理,分不清孰是孰非。以"情感左右的言论"作为情境任务,让学生以事实为依据,明辨不同立场、不同情感与不同言论,做一个"明白人"。以"倾听理性的声音"作为另一个情境任务,让学生以事实为依据,区分言论与事实,明辨观点与事实的关系,学得"用事实说话"的方法,做一个会说话的"聪明人"。两种情境任务,让学生从正反两个角度来思辨"主观言论"与"理性声音",学生对"用事实说话"的理解就更为完整和深刻。三是"有说服力的演讲"。面对家长里短的纠纷,聪明的"老娘舅"总能摆事实说道理,把"清官难断"的家务事,调解得大家都满意。以"有说服力的演讲"为情境任务,可以让学生在实践中学习用"事实说话",解决真实的生活问题。由此,我们针对"用事实说话"这一学习主题,设计了三个前后连贯的情境任务,建构了学习主题统领下的任务单元。

为了更好地完成三个学习任务,我们依据"教人做事"的实践逻辑,将情境任务作了活动分解,设计了结构化的活动链。

任务一:情感左右的言论。先阅读故事《哪吒闹海》,了解故事陈述的基本事实:哪吒打死了龙王三太子。比较不同角色对这一事实的不同说法,明白基于不同的立场,陈述也会不同;再阅读生活绘本《玩具风波》,分析每个人看待"妈妈私自把玩具送给表弟"这件事的看法,懂得身份不同、情绪不同,看待同一事件的观点也不同。从阅读故事到阅读生活,知道之所以无法判断对错,是因为这些都是情感左右的言论。

任务二：倾听理性的声音。先阅读《学弈》《两小儿辩日》，知道不同观点需由不同事实支撑；再阅读《真理诞生于一百个问号之后》，知道不同事实可以说明同一个观点；最后阅读《为人民服务》，知道一个观点可以从不同角度论证。在阅读中区分事实与观点，发现两者之间的联系，学习围绕观点如何选择实例、如何进行有逻辑的论证表达。

任务三：有说服力的演讲。先以旁观者的角色，明断《玩具风波》中每个人观点里合理的或不合理的地方；再代入"老娘舅"的角色，通过摆事实、说道理的方式进行调解；最后以演讲者的身份，选择合适的事例，将自己对这家人的忠告以演讲的方式讲给别人听。通过系列实践活动，强化学生"用事实说话"的习惯，提高学生"用事实说话"的能力，培养学生"用事实说话"的理性精神。

三个学习任务围绕"用事实说话"这个学习主题前后连贯、依次展开，前两个活动重在"认知"，后一个活动重在"运用"，实现"由知而能"的实践转化；同一任务中的多项学习活动相互关联、层层递进，从理解理性的言论到负责任地表达，带领学生开启一段思辨的学习之旅。

四、活动与建议

（一）活动设计

任务一　情感左右的言论

学习情境：你们都听过哪吒闹海的故事，其实在《封神演义》中，哪吒在父亲李靖面前的说法、龙王在李靖面前的说法、哪吒在师父太乙真人面前的说法各不相同。一件事怎么会有三种不同的说法？再看《玩具风波》，一家人各有各的说法，谁都觉得自己没说错。如果你是一个明白人，该怎么对待这些不同的说法呢？

学习活动一：一个事件，三种说法

1. 读一读，说一说。阅读《哪吒闹海》的片段，简要说说故事的起因、经过、结果，认清一个事实。

预设：

起因：东海龙王父子称霸一方，经常兴风作浪。

经过：哪吒决心治一治他们。

结果：哪吒打死了夜叉和龙王三太子，东海龙王来陈塘关兴师问罪，哪吒自尽。后来，哪吒被师父复活，而后大闹龙宫。从此，东海龙王再也不敢胡作非为了，人们又过上了太平的生活。

事实：哪吒打死了夜叉和三太子。

2. 找一找，比一比。阅读《封神演义》第十二回《陈塘关哪吒出世》，画出龙王敖广向哪吒之父李靖兴师问罪时的说法、哪吒向父亲解释时的说法、哪吒向师父求救时的说法，填在表格内。

《哪吒闹海》中人物的不同说法

材料	人物	对谁说	说法
材料一	龙王敖广	李靖	
材料二	哪吒	父亲	
材料三	哪吒	师父	

预设：敖广的目的是"问罪"，说的都是哪吒的"罪责"；哪吒面对父亲时的目的是"解释"，说的是夜叉和龙王三太子的"罪过"；哪吒面对师父时的目的是"求救"，说的是自己的"过失"。

3. 议一议。小组讨论：同一件事，为什么会有三种不同的说法？

预设：目的不同，就有不同的说法，他们都没有完全按照事实真相来说，只说了有利于自己的那一部分事实。可见，三种说法都不能完全相信，要以完整的事实真相为依据。

学习活动二：清官难断家务事

1. 读一读，演一演。阅读漫画《玩具风波》，说说在豆豆家发生的事情；小组合作,分角色将故事表演出来。

玩 具 风 波

　　有一天,豆豆的表弟来做客,他很喜欢豆豆的玩具——变形金刚。妈妈见了就自作主张:"你要喜欢,这玩具就送给你了。"豆豆一听不愿意了,立马把玩具从表弟手里夺了回来。表弟被一吓,哇哇地哭了起来。妈妈见状,不由分说指责起豆豆,豆豆也委屈得哭了。两个小孩的哭声,引来了爷爷奶奶和爸爸,掀起了一场不大不小的玩具风波。

　　提示:揣摩人物内心,将人物的语言、动作、神态把握好,以演好故事。

　　2. 想一想,写一写。读读爷爷、奶奶、爸爸、妈妈、豆豆说的话,想想他们各自的观点,填写在对应的表格里。

《玩具风波》中人物的不同说法

说话人	说的话	对谁说	他的观点
豆豆	"这是我的玩具,你凭什么给别人!"	妈妈	我的玩具我做主。

说话人	说的话	对谁说	他的观点
妈妈			
爸爸			
爷爷			
奶奶			

预设：

说话人	说的话	对谁说	他的观点
豆豆	"这是我的玩具，你凭什么给别人！"	妈妈	我的玩具我做主。
妈妈	"你这孩子，怎么这么小气，这么不懂事的啦！" "爸妈，这不是玩具的事，你看这孩子太没教养了。"	豆豆、爷爷、奶奶	玩具要学会分享。 孩子没有教养。
爸爸	"爸，你别惯着这孩子。豆豆，把玩具给弟弟。"	爷爷、奶奶、豆豆	玩具要分享。 孩子不能溺爱。
爷爷	"小孩子闹点别扭很正常，你这当妈的，怎么跟孩子一般见识？豆豆别怕，有爷爷在。"	妈妈、豆豆	对待孩子要宽容，孩子的权利要尊重。
奶奶	"别吵了！豆豆乖，我们把玩具给弟弟。明天，奶奶给你买个更好玩的。"	豆豆	孩子不能受委屈。

3. 议一议：有人说"清官难断家务事"。假如你是一个"清官"，一家人都觉得自己的话没说错，都是为了对方好。你怎么看？

预设：每个人都有自己的道理，也都带着自己的情绪，很难分清谁对谁错。

任务二　倾听理性的声音

学习情境：《玩具风波》中，家庭成员都是带着情绪来说话的，谁也说服不了谁。那么，什么样的话、怎么说话才能让人口服心服呢？我们不妨读读古人讲道理的故事，再看看科普作家和毛泽东主席是怎么给人演讲的，他们的观点能够被所有人认同和实践，自有说话的诀窍。你们一起做一回"语言侦探"吧！

学习活动一：不同观点，不同事实

1. 借助注音，熟读小古文《学弈》《两小儿辩日》，做到正确、流利。

提示：读准字音，读好停顿、节奏。

2. 借助注释，读懂《学弈》中两人的不同学习表现以及《两小儿辩日》中两个小孩子的对话，然后完整、有序地把故事讲给同学听。

预设：

《学弈》：弈秋是全国最善于下棋的人。两个人向弈秋学习下棋，一个人专心致志，只听弈秋所讲的；另一个人三心二意，他心里总以为有天鹅要飞过来，想拿弓箭去射它。这样虽然他同前一个人一起学习，却学得不如前一个。

《两小儿辩日》：一天，孔子东游，看到两个孩子在辩论，就问是什么原因。一个孩子认为太阳刚刚升起时离人近一些，中午的时候离人远一些。另一个小孩认为太阳刚刚升起时离人远些，而中午时离人近些。前一个小孩说："太阳刚出来时像车盖一样大，到了中午却像个盘子，这不是远时看起来小而近时看起来大吗？"另一个小孩说："太阳刚出来时有清凉的感觉，到了中午却像把手伸进热水里一样，这不是近时热而远时凉吗？"孔子也无法判断谁是谁非。两个小孩笑着说："谁说您十分有智慧呢？"

3. 借助表格，将《学弈》中两人的不同学习表现及不同学习结果进行对比，思考故事中的道理；然后议一议：为什么要用两个人的学习表现来说一个道理呢？理解这是从正反两个角度来说道理。

《学弈》人物学习表现与学习结果对照表

课文	人物	学习表现	学习结果
学弈	一人		
	另一人		
道理			

预设：

课文	人物	学习表现	学习结果
学弈	一人	专心致志，惟弈秋之为听。	棋艺精湛
	另一人	一人虽听之，一心以为有鸿鹄将至，思援弓缴而射之。	不如另一人
道理	做事情专心致志才能学有所成，三心二意只能一事无成。		

4. 两小儿的推理：借助表格，厘清两小儿的观点及依据；然后运用"三段论"（大前提、小前提、结论）来复盘两小儿的推理过程。

《两小儿辩日》人物观点推理表

人物	生活经验（大前提）	生活现象（小前提）	观点（结论）
一儿	看物体时，远小近大	日出大、日中小	日出近、日中远
一儿	面对热的东西，远凉近热	日出凉、日中热	日出远、日中近

预设：生活中，事物离得远看起来小，离得近看起来大，太阳刚升起来时大，到中午时小。因此，太阳早上离我们近，中午离我们远。

生活中，热的事物离得远时感觉凉，离得近时感觉热，太阳刚升起来时感觉凉，到中午时感觉热，因此，太阳早上离我们远，中午离我们近。

5. 科学的判断：阅读关于太阳远近的补充资料,抓住两小儿的"错觉",否定"小前提",进而否定"结论";出示补充资料天文学家戴文赛的论文《太阳与观测者距离在一日内的变化》,用科学的事实来评价两小儿观点的对错。

预设：两个小儿的观点遵循了逻辑思维中的三段论,是一种理性的声音,问题是由于时代的局限,观点不符合科学事实。

学习活动二：不同事实,一个观点

1. 熟读课文《真理诞生于一百个问号之后》,想一想：作者用了哪几个事例来证明"真理诞生于一百个问号之后"这个观点?

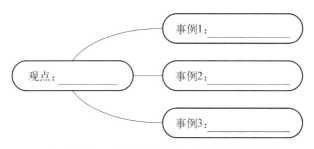

《真理诞生于一百个问号之后》观点、事例关系图

预设：

事例 1：17 世纪,英国著名化学家波义耳发明了石蕊试纸。

事例 2：20 世纪初,德国气象学家魏格纳提出了"大陆漂移学说"。

事例 3：20 世纪中叶,美国睡眠研究专家阿瑟林斯基发现睡眠中眼珠快速转动的时候,人的脑电波也会发生较大的变化。

2. 借助表格细读三个事例的起因、经过及结果,议一议：事例中的"经过"为何写得很简单,而"起因"与"结果"却写得很具体? 理解"问号"与"真理"之间的因果关系。

《真理诞生于一百个问号之后》事例叙述结构表

事例	起因(发现问题)	经过(反复实验)	结果(发现真理)
波义耳发明石蕊试纸			

事例	起因（发现问题）	经过（反复实验）	结果（发现真理）
魏格纳提出"大陆漂移说"			
阿瑟林斯基发现快速眼动睡眠的秘密			

预设：

事例	起因（发现问题）	经过（反复实验）	结果（发现真理）
波义耳发明石蕊试纸	被盐酸溅到的紫罗兰变红。	用不同植物接触酸性或碱性物质。	石蕊遇酸变红色，遇碱变蓝色。
魏格纳提出"大陆漂移说"	发现南美洲东海岸的凸出部分，与非洲西海岸的凹陷部分互相吻合。	阅读大量相关文献，搜集古生物学方面的证据。	提出"大陆漂移说"。
阿瑟林斯基发现快速眼动睡眠的秘密	发现儿子在睡觉的时候，眼珠忽然转动起来。	对八岁儿子和二十位成年人进行反复观察实验。	发现睡眠中眼珠快速转动的时候，人的脑电波也会发生较大的变化，这是人最容易做梦的阶段。

3. 阅读爱迪生、李时珍等故事，改编其中的一个故事，替换课文中的一个事例。

提示：详写"起因与结果"，略写"经过"。

4. 选择恰当的事例来证明"有志者事竟成"或"玩也能玩出名堂"。

提示：可以是一正一反两个事例，也可以是不同角度的三个事例。

学习活动三：一个观点，不同角度

1. 熟读课文《为人民服务》，画出毛泽东主席在演讲中的主题思想。

预设：核心观点是要完全、彻底地为人民服务。

2. 默读课文,议一议:围绕核心观点,毛泽东主席讲了哪几个方面? 举了哪几个事例? 在此基础上,梳理出课文的结构图。

预设:

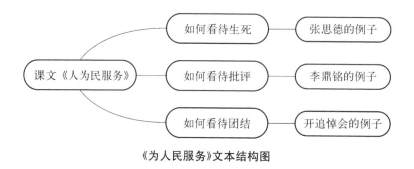

《为人民服务》文本结构图

3. 像毛泽东主席那样思考问题:借助思维导图,梳理三个方面的论证思路。议一议:毛泽东主席是怎么说得人心服口服的?

(1) 如何看待生死:阅读课文第二自然段,借助"三段论"思维导图,把握毛泽东主席的推理过程。

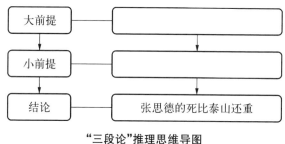

"三段论"推理思维导图

预设:

大前提:为人民利益而死,就比泰山还重;替法西斯卖命,为剥削人民和压迫人民的人而死,就比鸿毛还轻。

小前提:张思德同志是为人民利益而死的。

(2) 如何看待批评:阅读课文第三自然段,抓住文中的关联词,把握句与句之间的联系,梳理出段落结构图,了解毛泽东主席的论证过程。

预设:

论证过程思维导图

（3）如何看待团结：阅读第四、第五自然段,梳理围绕观点所讲的三层意思。议一议这三层意思与观点有什么关系? 理解其间的因果关系。

预设：

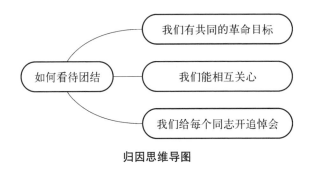

归因思维导图

4. 练一练,讲一讲。补充阅读《为人民服务》的背景资料,理解毛泽东主席在张思德同志追悼会上发表这番演讲的意义;借助思维导图把握文章内容,在班级里举行《为人民服务》的演讲比赛。

要点：做到熟记演讲稿的内容,演讲时语句连贯;要有气势,可以适当加上一些肢体语言;神态要自然、从容,演讲时看着观众,要有感染力。

任务三 有说服力的演讲

学习情境：《玩具风波》中,家庭成员的矛盾一直没有解决。请你来做一回"老娘舅",实事求是地明断是非对错,并摆事实讲道理,对每个成员开导劝解,让他们心服口服,化解这场风波。同时,从这场风波出发,对更多的家庭提出一些忠告,以8分钟演讲的方式传播你的观点和思想。

学习活动一: 清官"能断"家务事

1. 重读绘本《玩具风波》,梳理事情的起因,澄清事实真相。

预设:妈妈拿了豆豆的玩具送给小客人玩,豆豆一把抢了回来。

2. 议一议:从"情"与"理"两个角度,分析每个人的观点是否合情,是否合理,将分析填写在表格中。

《玩具风波》人物观点评价表

人物	言论(观点)	于"情"而言	于"理"而言
豆豆			
妈妈			
……			

要点:每个人的观点,都从自己的角度出发,有的合情不合理,有的合理不合情。评判观点的是否对错,必须以"事实"为基础,以做人的"美德"为标准,有理有据地分析。

学习活动二: 有话好好说

1. 提出你的忠告。每位同学选择其中的一个人作为劝说对象,提出你的忠告。

提示:针对其言论观点中的不合情、不合理之处,用"事实"来说理,用"美德"来劝解,旗帜鲜明地提出你的忠告。

2. 做一回"老娘舅"。小组合作,轮流做"老娘舅",每个"老娘舅"选择一个对象,针对其观点中的不合情理之处,尝试"三步"开导法(见下页图)。被劝说的对象可以进行反驳,其他同学可以补充劝说。

3. 评选最佳"老娘舅"。老师扮演家庭中的角色,每组推荐一个"老娘舅",请"老娘舅"现场调解家庭风波,比一比哪个"老娘舅"的说服力最强。

提示:一要以事实为依据;二要以理服人;三要以情动人。评出最佳"老娘

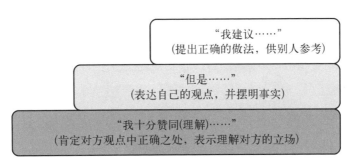

"我建议……"
(提出正确的做法，供别人参考)

"但是……"
(表达自己的观点，并摆明事实)

"我十分赞同(理解)……"
(肯定对方观点中正确之处，表示理解对方的立场)

"三步"开导法示意图

舅",并请他介绍经验。

学习活动三：八分钟演讲

1. 议一议观点。结合"老娘舅"开导他人的"金句"，议一议：哪些观点对其他人也有教育意义？提炼出具有感染力的观点。

提示：针对"豆豆"这样的孩子，可以提出"要乐于与人分享"的观点，能起到很好的引导作用；针对"父母"简单粗暴的态度，可以提出"要尊重孩子的权利"的观点，能对父母起到教育作用。

2. 选一选事例。选择其中的一个观点，从读过的故事中或者身边的事中，选取恰当的事例加以证明。将事例填写在表格中；并与人交流。

提示：可以是正面的例子，也可以是反面的例子，还可以是《玩具风波》中的事例。

观点、事例对照表

演讲对象	劝说其接受的观点	事例		
孩子	乐于与人分享	①	②	③
父母	尊重孩子的权利	①	②	③
祖父母	……	①	②	③
家庭成员	……	①	②	③

3. 拟一份演讲提纲，并练习做 8 分钟演讲。

提示：参照《真理诞生于一百个问号之后》或《为人民服务》的结构拟一份演讲提纲。

4. 定一份评价标准。从吸引力、感染力、说服力三个角度，全班共同制定演讲的评判标准。

预设：

演讲评价表

演讲要求	评价要点	星级评价
有吸引力	观点是否正确	☆☆☆☆☆
	观点是否鲜明	☆☆☆☆☆
	观点是否独到	☆☆☆☆☆
有感染力	事例是否真实	☆☆☆☆☆
	事例是否贴切	☆☆☆☆☆
	事例是否新鲜	☆☆☆☆☆
有说服力	结构是否严谨	☆☆☆☆☆
	构思是否巧妙	☆☆☆☆☆
	语言是否简练	☆☆☆☆☆

5. 举办一场演讲比赛。邀请家长参加，按照不同的观点分会场举办 8 分钟演讲比赛。

提示：请同学和家长根据演讲评价标准，评出"小小演讲家"。

（二）教学建议

1. 语言文字积累与梳理。思辨性阅读与表达是核心，但语言文字积累与梳理是每个单元的基础学习任务。（1）读通读懂小古文《学弈》《两小儿辩日》：借助注释读懂课文，重点理解"善"和"及"等难字、"之"的不同意思和通假字"知"；借助注释，理解每句话的意思；准确把握句内停顿，读熟并背诵小古文。（2）积累不同类别的词语，如具有时代特征的词：法西斯、剥削、压迫、精兵简政；如专业名词：石蕊、盐酸、脑电波等。（3）积累重点四字词语：死得其所、司空见惯、追根求源、见微知著、锲而不舍等。（4）积累名言：司马迁的"人固有一死，或重于泰山，或轻于鸿毛"；华罗庚的"科学的灵感，绝不是坐等可以等来的"。

2. 课时安排建议。"语言文字积累与梳理"3 课时，"任务一：情感左右的言论"2 课时，"任务二：倾听理性的声音"4 课时，"任务三：有说服力的演讲"2 课时。

3. 学习策略。（1）换位体验策略。换位体验，站在不同的立场，才能有辩证思维。在情境表演中，学生扮演不同的角色，体验不同角色的想法，实现了换位思考，对不同的观点有了更加真切的体验。比如，学生代入豆豆、爸爸妈妈、爷爷奶奶等不同的角色，站在不同的立场，用不同的身份去思考，就会发现每个人的观点都出于情绪，而不是出于道理。这样的换位体验，可以帮助学生理解"情感左右的言论"是怎么产生的、该怎么去看待，从而学会辩证地思考。（2）阶梯学习策略。进行有挑战性的学习就如同登山，一步一个台阶，有一种学习的爬升感。三个学习活动，选文由短到长、内容由易而难，从简单的"一个观点，一个事实"，到"多个事实，一个观点"，再到相对复杂的"一个观点，多个角度"，一个活动就是一个台阶，由浅入深，体现了阶梯式学习。对每个活动，同样设计了若干个台阶分步开展，从"读"起步，厘清文中的观点、事例，再探究两者之间的联系，最后进行替换和演说等练习，遵循学生语文学习和思维发展的内在规律。（3）问题解决策略。能力是在解决问题中锻炼出来的。《玩具风波》中家庭成员之间的矛盾，是真实的生活问题，学生可能都会遇到。在提出问题的基础上，需要"用事实说话"来解决问题，在模拟的生活化场景中，根据不同的对象，针对不同的观点，实事求是地作出分析和评判，用语言来化解家庭矛盾，提高思辨性表达能力。

(一) 单元练习

1. 阅读小古文,完成练习。

(1) 按课文内容填空。

弈秋,_____。使弈秋诲二人弈,其一人_____,惟
_____;一人虽听之,一心以为_____,_____
而射之。虽_____,弗若之矣。_____? 曰:非然也。

　　一儿曰:"我以_____,而_____
____。"

　　一儿曰:"我以_____,而_____
____。"

　　一儿曰:"日初出大如_____,及日中则如_____,此不为_____
_____?"

　　一儿曰:"日初出_____,及其日中如_____,此不为_____
_____?"

(2) "之"的不同含义。

通国之善弈者也 _____

思援弓缴而射之 _____

虽与之俱学 _____

弗若之矣 _____

(3) 解释加点字的意思。

使弈秋诲二人弈:_____

弗若之矣:_____

非然也:_____

见两小儿辩斗：_____

及日中则如盘盂：_____

孔子不能决也：_____

孰为汝多知乎：_____

2. 根据课文里学过的字词的意思，推想下面加点词语的意思。

走马观花　自愧弗如　声泪俱下　不以为然　过犹不及　赴汤蹈火

3. 选词填空。

见微知著　锲而不舍　司空见惯　死得其所

（1）水滴（　　　　　），终于滴穿了石块，成为今天太极洞内的一大奇观。

（2）军人的使命应当在沙场上实现，纵然是马革裹尸，也是（　　　　　）。

（3）大街上的车辆比往日少多了，平常（　　　　　）的堵车现象今日踪迹全无。

（4）我们在日常工作中，要善于观察，善于分析，才能（　　　　　），把问题解决在萌芽状态。

（二）单元测评

1. 选一选。

（1）哪句名言的意思最接近下面这句话？（　　　）

只有学好科学，才能以科学的发明和发现推动社会生产和生活的发展。

A. 华罗庚说："科学的灵感，绝不是坐等可以等来的。"

B. 邓小平说："科学技术是第一生产力。"

C. 巴斯德说："科学没有国界，但是科学家却有祖国。"

D. 马克思说："科学绝不是一种自私自利的享受，有幸能够致力于科学的研究的人，首先应该拿自己的学识为人类服务。"

（2）下列句子中观点和依据搭配最恰当的一项是（　　　）

A. 植物之所以缺少水分，是因为蚜虫到处飞。

B. 学习知识要一点一滴地学，善于积累。细小的石子虽不显眼，却能铺出千里路。

C. 但凡有卓越成就的人，都与思考有不解之缘。司马迁忍受酷刑，是为完成《史记》。

D. "良药苦口利于病,忠言逆耳利于行。"但是若从反面想一想,每个人都有自尊心,都渴望被人尊重、理解,那么顺耳的忠言岂不更利于行吗?

2. 上网了解弗莱明发明青霉素的故事,完成练习。

(1)填一填:认真读资料,抓住"起因、经过、结果"说说青霉素的发现过程。

事例	起因(发现问题)	经过(反复实验)	结果(发现真理)
青霉素的发现			

(2)说一说:要用具体事例说明道理,说说你从哪里看出了弗莱明研究中的苦心寻觅与认真细致。

(3)写一写,讲一讲:晨读时,许多同学不专心,班长很着急,几次提醒没效果,就拿教鞭敲了讲台,不小心敲断了讲台上的粉笔。同学们都批评班长的行为太不文明。如果你是班长,你能做一段演讲,来获得同学们的理解和支持吗?

图书在版编目（CIP）数据

思辨性阅读与表达 / 吴忠豪，薛法根主编. — 上海：
上海教育出版社，2023.11
（小学语文学习任务群课例设计丛书）
ISBN 978-7-5720-2393-4

Ⅰ.①思… Ⅱ.①吴…②薛… Ⅲ.①阅读课 – 教案
(教育) – 小学 Ⅳ.①G623.232

中国国家版本馆CIP数据核字(2023)第225159号

责任编辑　殷有为
封面设计　陆　弦

小学语文学习任务群课例设计丛书
思辨性阅读与表达
吴忠豪　薛法根　主编

出版发行　上海教育出版社有限公司
官　　网　www.seph.com.cn
地　　址　上海市闵行区号景路159弄C座
邮　　编　201101
印　　刷　上海展强印刷有限公司
开　　本　700×1000　1/16　印张 16.25
字　　数　256 千字
版　　次　2024年2月第1版
印　　次　2025年3月第4次印刷
书　　号　ISBN 978-7-5720-2393-4/G·2121
定　　价　68.00 元

如发现质量问题，读者可向本社调换　电话：021-64373213